好想法 相信知識的力量

the power of knowledge

寶鼎出版

好想法　相信知識的力量
the power of knowledge

寶鼎出版

動機是一切的開始

當所有人都按部就班地走向目標，
你能讓自己用飛的嗎？

思うことから、
すべては始まる

植木宣隆 著
郭子菱 譯

推薦文

沒有動機，夢想將不切實際！

一件事有沒有辦法成功實現，重點在於你的「動機」夠不夠強、你夠不夠渴望成就這個夢想。我在創業過程中，曾一度跌落谷底、迷惘到想放棄，到現在出版了三本書、開了兩間咖啡廳、創立了女力學院，一路上都是靠強烈想實現夢想的「動機」支撐著我，讓我維持巨大的信念與熱情走到了現在。

而本書作者植木宣隆，一開始只是經營一間員工不滿五十人的公司，卻也同樣成功翻身，到現在出版了八本百萬暢銷書。看到一半我才發現，確實我們這樣的人都是靠著作者說的「去除極限意識」、「既然要想，就想得誇張一點」，敢於去想像、去渴望、去追求遠大目標。畢竟動機就是一切的開始，也是讓人類找到自身存在意義的開端。

作者在書中分享製作暢銷書的過程與心法，讓我特別有感觸。其實與催生所有的暢銷品有著共同之處，都是同樣需要行銷的細膩思維與觀察。讓一本書、一個產品暢銷的關鍵，也是在於能夠去想像對方渴望些什麼，能夠觀察得愈細，也就愈能掌握其中訣竅。

書裡提到「作者想讀的書和讀者想讀的書並不相同」、「不會因為道理而購買，而是因為喜歡而買」這些反向思考的觀點，提醒了所有的創作者與創業者，讓我們可以更深地去思考，讀者想讀的、使用者喜歡的，究竟是什麼樣的東西呢？或許你可以從本書獲得一些啟發。

非常喜歡作者的比喻「一本書的能量，就在書裡」，用「書本內在的能量過於強大，讀者無法壓抑在心中而外顯出來，便會不自覺地對他人訴說」這樣的方式去形容，非常地鮮明。我認為這個能量即是你在寫一本書、打造一個產品時傾注下去的心力，這樣的用心是可以被感受到，甚至是能被看見、打動人的。而當你的讀者受到書中啟發、你的產品使用者打從心裡覺得產品好用，會忍不住地想要與人分享，口耳相傳的現象就是這麼來的。所以如果你想要出一本書、想要打造一個產品或服務，盡你所能、用心地把能量傾注進去，你的讀者或使用者是會感受得到的。

最後，書中最後一章剛好在談的是這間公司的制度，也是作者的經營理念。讓我想起曾有人跟我說：「你的能耐只限於把自己變好時，就是一個優秀的人，沒有不好，但這種人到處都有。若要成為不平凡的人，就要有本事讓你的員工／身邊幫你的人，吃飽、吃好、接近他們想要的夢想。」

非常認同作者說的「整間公司一同成長，才得以創造出超級暢銷書」、「以回報員工、成為支持員工的公司為目標」，我也希望自己能夠成為豐富員工人生的領導人。目前我也投資了前員工並與他們一起創業，完成了他們的夢想。常常在想，能讓身邊的人共同成長，實在是一件非常有成就感的事，如果這社會多點這樣的正向循環，那很多人就不愁沒機會了。

如果你一直想寫一本書，可以從本書瞭解編輯的選書思維，以及打造暢銷書的思考方式。

如果你想打造一個暢銷產品，也可借用本書打造暢銷書的邏輯，用於產品的設計與行銷。

如果你是一間公司的經營者，可以從本書瞭解作者的經營心法，打造一個與員工共同成長的環境。

當你迷失於探尋人生意義時，也可以從這本書中獲得敢於去想像與渴望的勇氣。

艾兒莎／放棄22K蹦跳新加坡 版主

怦然心動的能量魔法

二〇一〇年，二十六歲的近藤麻理惠出版第一本書《怦然心動的人生整理魔法》，掀起廣大迴響。「斷捨離」這三字從此變成整理收納的不二法門，並且紅到歐美國家，甚至還讓近藤麻理惠入選《時代》雜誌年度最具影響力百大人物。

這股風潮至今仍不斷。二〇一九年Netflix請來近藤麻理惠製作並主持真人實境秀《怦然心動的人生整理魔法》，讓近藤前往美國家庭，展露近藤流魔法，節目播出後，美國慈善商店收到的捐贈物品數量大幅提昇，可見近藤的影響力至今仍能席捲全世界。

最初看中近藤的潛質、這股斷捨離旋風的源頭，Sunmark出版社社長植木宣隆，關於出版，他只有一個公式：「書＝能量」，他正是在這本書，看到這種源源不絕的能量。

書的能量大於任何廣告行銷，就算一開始不賣座也沒關係，只要內在有著讀者無法壓抑的能量，那就夠了，因為他深信，事事都是順應「天地自然」，以正向能量迴向正向反應，這是做事的根本法則——這是《動機是一切的開始》最讓我覺得佩服的部分。

做出不少銷量極高的名作的資深出版社老闆，關於「編輯」，他認為：不要用「脖子以上」來工作，要用「心」與「體」來行動（很有日本古典茶道的理念）；相信大樂必易，用簡單的話語去傳遞深奧的事情；最重要的——永遠相信「正向能量」。

這樣看起來，這本《動機是一切的開始》的寫法，看似是一個公司經營有成的社長，講述過往我當年有多勇的成功史？不不不，植木宣隆更像是在用這麼一本書，講述自己的謹慎，從謙虛的低姿態工作角度，將功勞歸給了許許多多的「恩惠」。

這樣一想，這本《動機是一切的開始》，其實就是植木宣隆的《怦然心動的人生整理魔法》。說不上斷捨離，他將自己的種種心法以歌牌順序排列章節一一寫下，整理出他認為能帶給讀者正向能量的人生魔法，講述自己的成功經驗也好（他也坦承說出失敗的例子），表達自己的謝意也好。

植木宣隆一定深信著，只要能掌握好的、正確也正向的決定，就一定會成功，那麼《動機是一切的開始》這本書能帶給讀者的「能量」，也必定是有價值的。

重點就在括號裡／影劇評論粉絲專頁

起心動念是一切的開始

談如何創造暢銷書的訣竅很多，少有談如何創造十年不墜的長銷書；談如何培養優秀作家的書很多，但少有談如何培養編輯跟作者一起完成一本書的能力；談出版經營理念的書很多，但少有回歸核心產物——書，把書當作為了廣為流傳的「能量體」來製作。現任日本Sunmark出版社社長植木宣隆老師歸結超級暢銷書的心法不外乎所有人，從作者、編輯到讀者，認真看待起心動念，而且用近乎變態的執著付諸行動。

在日本出版界Sunmark是一家傳奇的出版社，它的傳奇在於在過去二十多年間，一個不到二十人的編輯團隊創造了八本百萬級別的超級暢銷書，三十多本銷售超過二十萬本的暢銷書。十多年前，日本出版界還不熱衷海外授權，甚至沒有專設版權部門，Sunmark就積極耕耘海外授權，每年在法蘭克福國際書展設立攤位，輪流安排所有員工到國際書展學習觀摩。近幾年最亮眼的輸出版權是近藤麻理惠《怦然心動的人生整理魔法》的英文版，在每年翻譯書占比不到百分之五的美國市場，創造出四百萬本的銷售奇蹟。

在這些銷售以數十萬計的光環背後，Sunmark現任經營者也是本書作者植木宣隆老師現身說法。首先他認清出版業是從無到有、多產多死的行業，編輯才是跟作者一起完成一本書的靈魂人物，社長或總編輯首要力求順應編輯「本然」的個人風格；他認為書本身就是能量體，無論哪一種類型內容，每一本書都應療癒心靈、扶持困難人生，甚至成為讀者活下去的力量，所以他期許出版「能夠帶去探病的書」，拒絕出版炒作負面議題的書。他認為閱讀是吸收書的能量，讀者吸收書的能量累積到無法抑制在心中的程度，進而口耳相傳分享給其他人，因此創造了暢銷書。那麼出版社作為企業組織呢？出版社是正面能量的匯集處，對編輯是提供一個「去除極限意識」、發揮個人風格的場域；把書當作「生物」時時觀察其生命週期、偵測熱銷前兆，並即時不惜成本地推波助瀾，讓一時暢銷書成為十年不墜的長銷書；在制度上設立編輯特權、企劃獎、達成獎讓公司所有人從編輯、行銷、會計都能參與發想、企劃、製作出長銷書。

有人說出版業是眾人的接力賽，那麼無論一時的暢銷書還是十年不墜的長銷書，更是延長到讀者端的接力賽。在這些看似抽象的觀念背後，都是本本暢銷書實證的結果。

本書雖然以出版業為例，但其理念適用於任何「創造價值」的產業。身為出版社經營者，植木宣隆老師坦承暢銷書底下固然有更多屍橫遍野的無名書，但他堅守每一個可以創造暢銷書的契機，相信一切從每一個人認真看待自己的起心動念開始，然後誠懇地把這個想法當真，以近乎偏執的態度付諸行動。而這樣的體悟適用於不同人生階段、生涯規劃，因為唯有自己先把想法當真，才能孕育出隨之而來的熱情和能力。

陳語萱／博達著作權代理　臺灣業務總監

致臺灣的各位讀者

我擔任負責人的Sunmark出版社，從二十多年前開始就不斷致力於向海外出售版權。踏實的前期投資有了成效，使我們得以出版終有一天在海外也會大受歡迎的書籍，實在是非常幸運的事。

臺灣每年翻譯出版品的數量是最多的，而令人高興的是，也是Sunmark出版社作品翻譯版本數量比其他地方多的國家。

《不生病的生活》、《怦然心動的人生整理魔法》、《生命的答案，水知道》等書在臺灣也相當暢銷，或許有讀者對這些書是有印象的。

二〇一九年，在和臺北國際書展的合作之下，小說《在咖啡冷掉之前》的作者川口俊和老師受到當地出版方的邀請，在臺北、臺中、高雄等地舉行讀者活動，老師回到日本後，我聽說他也因而喜歡上臺灣。

此外，這是七年前左右的事情了，我們全體共四十多名的員工一同前往臺北視察旅行，也當作是和臺灣出版方加深關係，是個讓人很懷念的回憶。當時我也看到敝社的翻譯書籍陳列在誠品等書店，員工們的氣勢因而大為提升。

就這層意義而言，臺灣各方的工作人員為我們打下了海外出版的基礎，我想要藉此表達感謝之意。

過去我曾多次來臺灣參加書展，不過我作夢都沒有想到，我自己撰寫的書籍竟然能夠在臺灣出版。對於這回能夠承蒙這樣的緣分，我除了深受感動，也想打從心底向每位相關人士的盡心盡力表達謝意。

我在這本書裡闡述了出版超級暢銷書的要領：要突破極限意識、要培養出宏大的願望以及要為書本注入強大的力量等等。畢竟這是個多產多死的行業，我也經歷過無數次的失敗，而我每次都會在心中喚起我的「積極心」，克服險峻的局面。

現在，世界各地的人都不得不過著面對各種困難的日子。在這樣的情狀下，如果本書能夠盡可能成為促使更多人向前邁進的助力，身為作者，沒有比這還令人高興的事情了。

植木宣隆

明明是間小出版社，為何能夠出版八本百萬暢銷書呢？

在誤打誤撞地投身出版業後，時間飛快，已經四十餘載。我身為單行本編輯度過了二十六年時光，又擔任了十七年的經營者。

說到前面的二十年，雖然出版業被人們說是夕陽產業，業界整體的業績依舊有所提升，於一九九六年達到顛峰，後面的二十多年則一個勁兒地走下坡，那段時期的業績比全盛期還少了將近五成。

身為一名小小的編輯，當時我正處於一股腦兒地與眼前的原稿和作者纏鬥的時期，也是我與優秀的作者共事後受到刺激，察覺到「世間學問」重要性的時期。之後我出乎意料地成為社長，進入不斷思考對公司員工而言「最棒的工作與美好人生為何」的時期。

無論哪個時期，我都曾經歷過無數辛苦，使我「再也不想回到那個瞬間」。現在都過去了，我就老實說吧，我也曾為了現金周轉，千辛萬苦地在銀行四處奔走（有人說經營者要尿出血尿才算是獨當一面，不過很遺憾，我還沒達到那個境界）。

這是我常和老幹部們聊的一件事。

至今為止，我總是一心一意地處理業績、現金周轉和公司所面對的問題，爬上這險峻的山路。

如今回首一看，我所攀上的道路兩側都是深不見底的懸崖，腳步稍有不穩就會跌入萬丈深淵。我能夠平安無事走到這裡，可說真的是個奇蹟了。

如果有人問我能不能再走過一次那斷崖殘壁的道路，我只會回答絕對不可能吧。

我彷彿被什麼看不見的事物守護著，才能往前邁進。

對於到目前為止我真的很幸運一事，我感受到了如此真切的實感。

即使是在剛才提到的那些時期，我也很幸運地參與了許多暢銷書的出版過程。在整個業界跌到谷底的近二十五年來，Sunmark出版社很榮幸地出版了八本百萬暢銷單行本。

一家員工不滿五十人的小公司要取得這樣的成果，在全世界的出版業也是沒什麼先例的。此外，也不是特定的暢銷出版社就會接連出版暢銷作品。

我曾擔任一九九五年出版的《腦內革命》（春山茂雄著）的企劃編輯。此書成了日本戰後出版界排名第二（當時）的超級暢銷書，賣了四百一十萬本，其續集《新腦內革命》也是大賣了一百三十四萬本的百萬暢銷書。剩下的六本暢銷書共有五名責任編輯，從幹部、總編等級的人員到進入公司第三年的女性編輯都有，大家的經歷也各式各樣。這些暢銷書並非文庫書或新書*，全部都是單行本，書的類型也相當廣泛。

幸運的是，除了百萬暢銷書以外，我們也相繼出版了銷售數十萬本的書籍。現在我們共有十五名編輯，年資都相當長，而扣除掉幾名年資較淺的員工，我們全員都是經手過業績二十萬本以上的暢銷書經驗者。

此外，我們很早就開始挑戰出售敝社的暢銷書版權，在海外也大為熱賣。

事實上，敝社在海外發行的總書量超過二千五百萬本，包含在全世界三十五個國家及地區翻譯出版了三百萬本的《生命的答案，水知道》（江本勝著）、在中國突破四百萬本的《生存之道》（稻盛和夫著），甚至是在美國創下銷售四百萬本的紀錄，並在全世界達成一千二百萬本業績的超級暢銷書《怦然心動的人生整理魔法》（近藤麻理惠著）等等。

究竟為什麼我們可以做到這些事情呢？為何Sunmark出版社能夠出版暢銷書呢？而我們又是如何培育人才的？令人感激的是，至今為止，各方都傳來了希望我揭開此祕密的呼聲。

事實上，十多年前社內的編輯就建議我，將公司迄今為止的點點滴滴以及我所做的一切撰寫成書。

《腦內革命》的熱賣遠遠超乎我的想像，我想，我作為編輯的運氣已經用盡了。既然如此，這次我就站在培育編輯的一方。我在忙碌中度過光陰，等回過神來，已經成為了社長。

＊此處的新書意指尺寸為10.5X17.3公分的書籍，種類為專業書、學術書、實用書等等。文庫書為A6尺寸或10.5公分x14.8公分，種類多為小說、古典和詩集。單行本的尺寸則是B6或12.8X18.8公分，多為小說、商業書籍和小品等，類別廣泛。

我一直認為自己沒什麼立場對他人說些什麼了不起的話，不過當出版業、廣告業，甚至是全日本的製造業與商品製造業都陷入困境的新聞傳到我耳中後，我開始思考，或許我能夠幫上什麼忙。

並沒有所謂輕輕鬆鬆就能創造暢銷品的法則，我想這點應該不需要我再次重申。不過，是否有類似的好點子呢？為此，每個人該做些什麼？公司該做些什麼？經營者又該注意什麼才好？公司內部應該要採取什麼樣的方法呢……我一直在摸索這些事。

我實在非常幸運，透過出版這項工作，能向代表業界的經營者等許多出色的人士大量學習。這些學習，也成為了我們公司採取措施時很大的提示。

這次為了要將我們的思維與所做過的事情編寫成書，我絞盡腦汁，重新思考該如何去述說才好。接著，我想出了一個結論。

我非常喜歡將所想的事情記錄成文字。某一次，我把希望讓社內的編輯與業務等從事出版的工作人員能夠重視的要點整理成了格言。我在思考，我能否將出版書籍和工作時的重要思維濃縮成文字。

不過，我並非單純寫出文字而已，為了方便記憶，我試著寫成「歌牌」*。這在公司內又稱為「Sunmark出版社歌牌」，偶爾也會成為工作上的方針。此外，我也曾在座談會等場合介紹過其中幾個歌牌，引人發噱。

「Sunmark出版社歌牌」是按照「いろはにほへと～」*的順序製作而成的。這次的歌牌會配合各章的標題，整理為能夠隨機閱讀的形式。事實上，以這次執筆本書為契機，我也替換了一部分的歌牌，完成了最新的「令和*元年版本」歌牌（在書末會刊登一覽表）。

不只是編輯，倘若與製作商品相關的人或是每天在管理領域苦戰的人在閱讀本書時能夠劃出一兩個重點，身為作者，沒有比這更值得高興的事情了。

* 歌牌為日本人過年時會玩的紙牌遊戲，由各一百張「詠唱牌」和「奪取牌」組成，詠唱牌上印有和歌創作者肖像及和歌，奪取牌上則印有以日文假名書寫的和歌後半部，需依照提示找出相對應的字牌。
* いろはにほへと為歌牌的一種創作順序，過去曾廣泛使用。
* 該年號於日本時間二〇一九年五月一日正式啟用。

目錄

第2章
能量會驅使人行動

目錄

くり

第4章／

讓所有人都能製作暢銷書的制度

めれのせさはけ

第 1 章

去除極限意識

ま

首先就從「這麼想」開始

まずは「そう思うこと」から

強烈且持續的「期望」才會實現

我想這應該跟我參與過許多百萬暢銷書的出版有關係吧？我經常被問到一個問題：「與百萬暢銷書最貼近的編輯是怎麼樣的人呢？」

我的答案很簡單，那就是**「比誰都強烈地想要出版百萬暢銷書的人」**。

所謂的書，就某種意義上可說是將編輯的想法具體化以後的產物。如果有這種書就好了啦、如果有這種作者撰寫關於這種主題的書就好啦等等，編輯在心裡如此想像之後，過個半年、一年，這樣的書就會突然出現在眼前，簡直就像想法變成實物出現了一般。為了將這個想法提升至最大限度，必須抱有強烈的期望。

這不僅限於書本的百萬銷售。想要讓點心或飲料大受歡迎、想要讓家電用品大受歡迎等等……不都也是一樣嗎？強烈的期望會成就一切。因此，在「Sunmark 出版社歌牌」之中，就有**首先就從「這麼想」開始**這麼一句。

此外，這並不是什麼新穎的道理，許多前輩都說過一樣的話，甚至連那些非常成功的人士也是。

舉例來說，Sunmark出版社至今出版過三本京瓷公司創辦人稻盛和夫的個人著作，在其中一本《京瓷哲學》中，就有提到「完成嶄新的事物」這個主題。

「全世界的成功人士多半會將『要按照內心所想的一般』這句話掛在嘴邊。倘若閱讀成功人士的故事，你會發現幾乎都會歸結到這個結論。（中略）也就是說，強烈且持續的期望才會實現，即是普世的真理。」

那位稻盛先生甚至將這件事斷定為「普世的真理」，而我也認為的確如此。要更加強烈地去期望，抱持著甚至能到達潛意識的強烈願望。稻盛先生表示，如此才能夠將期望鮮明地描繪出來，彷彿看見了色彩一般。

同樣地，發行了《生命的暗號》一書的遺傳工程學界權威村上和雄老師，則教導了我們這句話：**「最重要的是下定決心」**。

一項大型研究是否能夠成功，在於研究室的領導人是否認真地想要成功。我想，這句話也正中了核心。下定決心非常重要，尤其是領導人的對這件事的認真程度。

在有一天公司可能會倒閉的情況下

令人感激的是，現在除了出版過許多受歡迎的作品之外，也多虧了版權與電子書籍的收益，我終於能夠回報員工了。不過，我在二〇〇二年七月從創辦人手中接手社長一職之後，身為經營者，我可是嘗到了與我至今為止的編輯人生完全不同的辛苦。

我也是在成為社長後才發現，當時公司的財務狀況極為困頓，自有資本比率竟然是負數，幾乎可說是接近倒閉的狀態。

中小企業的經營者沒有人不勞於資金周轉，也不知道是幸運還是不幸，我很快就接受了身為經營者的洗禮。

所幸我在就任的隔年開始就出版了幾本暢銷書，同時推動繼續販售有力既刊書籍*的政策，雖然辛苦，卻也逐漸脫離困境。

我在成為社長後所下定決心的一件事，便是經營者無法對環境找藉口。與其找藉口，我更應該要轉換跑道到其他行業，或是創造出劃時代的

*指已經出版的圖書。

革新，邁向下個階段。

我能夠做的就是持續投資有潛力的事物，賭上我認為「會成功的書」，即使失敗也無妨——我用這樣的態度不斷挑戰，並下定決心投資在員工的成長上，以及向國外銷售版權，投資有潛力的電子書。畢竟，我必須「先這麼想」。

稻盛先生連這樣的道理都教給了我。這是個會為人生與工作帶來成果的方程式。

「人生與工作的成果＝想法×熱情×能力」

其實，這個方程式最初的順序是「能力×熱情×想法」。能力最重要——當初稻盛先生或許也是這麼想吧。不過，這點已經改變了。原因在於熱情和能力會從零成長到一百，而想法會從負一百到正一百，對結果帶來極大的影響。

事實上，縱使以優秀的成績從知名大學畢業且充滿熱情，一旦想法怪異，也會引發不可收拾的事件。因為這個方程式是乘法，結果也全會變成負數。根據不同的情況，甚至有可能犯下震撼世人的凶惡犯罪。

即便沒有走到這個地步，一開始就想著「我做不到」、「哪有可能做得到」、「那種事絕對不可能」，也是成不了大事的。和心想著「我能做到」、「一定做得到」、「絕對會順利的」人相比，究竟哪一方才能收穫豐碩的成果呢？

最重要的就是想法。要去想著自己是認真地期望這麼做，且事情一定會如此發展。

ね

寫下願望並發表出來

願いを書き出し、発表する

實現願望的魔法──新年的「吹牛大會」

Sunmark出版社每年都會在新年時舉行年度方針的發表會，而此發表會上的慣例，便是「吹牛」目標發表會。無論是脫離現實還是妄想都無妨，全體員工都要大吹牛皮，在所有人面前發表「今年我要這麼做」的目標。

大家每年的吹噓都相當厲害，其中，也有在吹噓的過程中光聽到，就會讓本人或其他員工偷笑出來的目標。

由於牛皮往往會吹得太過，最近我請大家要再加入一個「必定會達成的目標」。畢竟，公司光憑吹牛是無法經營下去的。

員工有義務在半年或一年後於所有人面前報告成果，理所當然地，這是為了測試大家的「認真程度」。

不過，其實我知道這個吹牛目標發表會對員工帶來了巨大的成效。因為，**大家會在不知不覺間去除「極限意識*」**。

*為作者獨創的詞彙，意指人類為自身想像可做到的目標設下框架的思維。

每個人都有「極限意識」，且會不由自主地抱持著這個想法。就以諾貝爾獎的得獎人為例，據說得過諾貝爾獎的研究室會不斷產生得獎人。要說為什麼會有這樣的現象，原因在於平常總是一起說笑且長得其貌不揚的同事得到諾貝爾獎後，其他人就會心想：「如果他能做到，我也可以」，去除了極限意識。

有極限意識的不只是人類，動物也有。譬如小型生物跳蚤可以蹦蹦跳跳地跳超過一公尺，但如果把跳蚤放到玻璃容器中，並在三十公分處蓋上蓋子，跳蚤即使跳躍，也會因為撞到蓋子而掉落。一段時間過後，縱使拿掉蓋子，本應能夠跳一公尺以上的跳蚤也會變得只能跳三十公分了。

大型動物大象也是一樣的，倘若在出生後沒多久就把牠們用鍊子綁在木樁上，就會因為還沒什麼力氣，無法靠自己脫離木樁。由於心想自己做不到，即使長大後大象明明已經有十足的力氣能脫離木樁，也會變得無法脫離。大象也有大象自己的極限意識。

在聽聞此事後，我便察覺到極限意識的恐怖之處。因此，才有吹牛大會的出現。「我今年要出版百萬暢銷書」、「我要出版兩本賣超過二十萬本的書」、「我要出版三本賣超過五萬本的書」……大家一起吹牛，其實具有如此深層的意義。

實現年初百萬銷售宣言的編輯

在我把這個小故事跟其他出版社的人說了之後，大多數人會回應我：「植木先生，在這個能賣七千本、八千本就很勉強的世道，要賣出五萬本、二十萬本甚至一百萬本是不可能的吧。」這就是所謂的極限意識。

不過，只要思考一下，就會發現「不可能」並非由任何人所決定的。真的賣七、八千本就很勉強了嗎？

百萬暢銷書《不生病的生活》（新谷弘實著）的責任編輯兼前常務董事，現為獨立經營者的高橋朋宏可不這麼認為。他在二〇〇五年的新年發表上表明「今年的目標是百萬銷售」後，隔年就順利地達成了此目標。

令人吃驚的是，我在看到他的出版企劃書時，發現一開頭就寫著**「突破一百萬本的候補企劃」**。這件事我至今依然無法忘懷，但當時我並沒有產生身為經營者的不悅。不過，畢竟是一下子就以一百萬本的銷售量為目標，老實說，我當時也感到很困惑。

但是，就因為實現了，我才很驚訝。

前提在於，不可忽略新谷老師曾撰寫過銷售數十萬本的長期暢銷名著《腸胃會說話》一事。裝幀就不必說了，高橋在書本的架構與目錄製作方面也將重點放在「讀者會想知道的事情」上，下足了工夫。

此外，等書本開始大賣之後，高橋就在賣了十萬本時，於《日經新聞》刊登了作者和軟銀集團孫正義先生的全面性對談廣告；並在賣了五十萬本時於《獨賣新聞》刊登了與職業球隊養樂多燕子隊的前總教練、現已過世的野村克也先生的對談廣告等等，傾注了光只靠宣傳就能出版好幾本書的熱情，而這點確實也奏效了。

出現百萬暢銷書的可能性比「萬分之一」的機率還要低。某次他對我說，他整整一年來都不斷地期望書本能夠大賣百萬本。

然而更讓我驚訝的是，高橋還有一年吹牛說「今年要出版第二本百萬銷售的書籍」。在那年——也就是二〇一〇年年底，他以責任編輯的身分出版了《怦然心動的人生整理魔法》，不僅成為日本的百萬銷售書，更成了全世界的暢銷之作。

都發生了如此令人難以置信的事情，我想各位已經瞭解到**去除極限意**

識的威力了。

我曾跟前日本足球代表總教練岡田武史先生說過吹牛大會的事。接著，他對我說：「植木先生，這是有用的」。據說岡田先生經常指導小朋友足球，只是，即便他要小朋友們「說出夢想」，大家也默不作聲。

不過，只要一說「大家來試著吹牛吧」，每個人就都開始吹牛了。有了岡田先生的背書，吹牛大會突然變得更有力量。

在原本只是間小公司時，擔任社長、沒什麼過人之處的男人也曾出版了熱銷四百一十萬本的百萬銷售書《腦內革命》。因此，大家一定會想「**區區百萬銷售，我們自己也能做到**」、「那種傻瓜社長都做到了，我們不可能做不到」吧。

就這層意義而言，或許我本身的存在正去除了公司的極限意識呢。

無論是多麼誇大的妄想，也不會有任何人吃虧

不知道為什麼，在學生時代邂逅的這個英文單字讓我在意得不得了，後來我就變得非常喜歡這個字。

「Megalomaniac」

這個詞翻譯成日文的意思是**「自大狂」**。其實我很喜歡誇張的發想，我也自覺有著「既然要想，就想得誇張一點」的習性。

誇大妄想的有趣之處，在於縱使妄想無法成為現實，也不會有任何人吃虧，而要是真的實現，那就皆大歡喜。所以，盡情妄想的一方才是「勝利」。

我在第四章闡述的**〈來製作會讓全世界二千萬人都閱讀的書吧〉**也一樣，如果實現的話就皆大歡喜，但即使只是想像也很快樂。

軟銀集團的孫正義先生也有個著名的小故事。在創業初期，軟銀只是間在福岡的小小住商混和大樓的公司。孫先生站在橘子箱上，對著僅僅兩名打工人員如是說了。

「就用豆腐店的氣魄來做吧！像數著一塊豆腐、兩塊豆腐那樣，成為能數著一兆、二兆日圓的大規模公司！」

後來，公司果真發展成如孫先生所說的那般。

當你並非從已經建立的基礎，而是從零開始時，就在內心某處抱著誇大的想法，並希望務必能夠成形。這點非常重要。

只要有這樣的想法，行動當然也會改變。你會關心與之相關的一切，也能去執行該做的事，並想著要貫徹到底。想法，會逐漸改變行動。

我有過一次非常耐人尋味的經驗。在發行《腦內革命》的三年後，我於一九九八年出版了後來成為百萬暢銷書的《別再為小事抓狂》（理察．卡爾森著）。書本發行後過了大約十天，當我在咖啡廳發呆時，腦中突然有個想法。

「如果下個月在這個媒體上如此對外公布，這本書就會再刷幾萬本。再下個月又這麼做，那又會是幾萬本，幾個月後就會這樣發展……」

我在商務記事本的年曆頁面上逐月寫上預期的販售本數，等回過神來，我已經在十二月的欄位寫上「一百萬本」。

這早已超越了誇大的妄想，可說是接近瘋狂的期望了。

因為第一次有這種「體驗」，我自己都覺得毛骨悚然，甚至先簽上了「六月十七日　宣隆」的簽名。

令人吃驚的還在後頭。**那半年期間，現實幾乎按照那一頁所寫的數字成真了，在十二月剛好是一百萬本。**這是個奇蹟。如此奇妙的體驗，我至今依舊無法忘懷。

就如同大家所理解的那般，上述正是發生了不可能現象的案例。這樣的事如果能多發生幾次，經營者就不用那麼辛苦了。

雖然我誇下海口表示擁有誇張的妄想也不會讓任何人吃虧，但老實說，對員工或公司造成嚴重損失的事並不少見。

畢竟，因為一個勁兒地想著「這樣可行」而過度加印，結果被大量退貨也不是一次兩次的事了。

此外，我甚至有過在某個特定的企劃上過度投入精力導致成本飆高，最後沒達成年度目標，因為損失太大還讓員工哭了的黑歷史。我就在這裡自白了，並在此向所有員工致歉。

因此，我殷切希望各位在參考本小節時能夠萬分注意。

つ

次のヒットは「けったいなもの」の中から

下個熱銷品會從「稀奇古怪的事物」中產生

舉例來說，就像倖存下來的「新物種」

若學習生命的演化，就能夠邂逅許多當初人們本覺得「稀奇古怪」的生物。

就好比長頸鹿。現在只要去動物園就可以看到，而且人們普遍能認出這種動物叫長頸鹿，不過在這種動物剛出現時，人們再怎麼想都覺得牠很古怪。

在自然界中，會因為環境的變化等各種原因或突然變異而誕生新物種。古怪的「新物種」幾乎無法生存，恐怕多半會滅絕。

然而，也有這類古怪的生物在確實地存活後，成為理所當然的存在，穩定生存下來。其中之一，就是長頸鹿。

而我認為，書本的世界也有與此相同的情形。新的熱銷品都是從稀奇古怪的事物中產生。這是我一直抱持著的信念，事實上，不也有不少類似的情況嗎？

由於太過古怪，很多時候這些商品不會受到客人青睞，就在完全賣不出去的情況下從市場上消失；不過，也正因為是古怪的東西，也有些受到關注而熱賣。

就好比之前提到的《別再為小事抓狂》一書。當時沒有人會說出這樣的論點，這是個意外突破盲點的資訊。這就是美國原著大為熱賣的原因。

然而，在從代理商那邊得到資訊的當下，這本書還只是中等熱銷的程度。不過，有人察覺到了它的可能性，那就是這本書的責任編輯，目前正以自由撰稿人身分活躍的青木由美子。她在前一年翻譯並出版了《神說了什麼》（尼爾・唐納・沃許著）並大為熱銷，開創了敝社翻譯書的類別。

一直到簽約之前，這本書在美國當地的銷售本數正不斷增加，最後變成我們要與國內的大型出版社競爭。而我們精讀過概要版之後，認為「這本書可行」，便提報了大膽的預付金，終於正式得到著作權（版權）。

在日文版發行上市的當下，該書在美國竟然賣了超過五百萬本，成為超級百萬熱銷書。正因為稀奇古怪，才會有這般壯舉。這情形在日本也是如此。

為何一本能「劈腿」的書，會成為暢銷書呢？

在二〇一六年成為百萬暢銷書的《再怎麼身體僵硬的人都可以唰ㄚ～的劈腿，享受身心柔軟的神奇伸展法》（Eiko著），也可以說是稀奇古怪的書吧。它的責任編輯是常務董事長黑川精一。

為什麼一本只是讓你學會劈腿的書會賣得這麼好呢？原本這個企劃是因為黑川本人身體很僵硬，從小就很憧憬會劈腿的人才開始的。**他是在網路新聞上認識作者，發現其YouTube影片的播放次數高達三百七十萬次後**，便對作者提出這個企劃。

如此古怪的企劃當然沒有類似的先例，也無法確定是否有潛在的讀者需求。然而，黑川還是一心想要嘗試。

說起來，他過去出版過的兩本百萬暢銷書《不被醫生殺死的47心得》和《揉揉小腿肚的驚人自癒奇蹟》都是「古怪」的極致。

除了可說是「實技篇」的照片與插畫解說之外，這本書的本文竟然是用小說的體裁。明明是工具書，內容卻是自我啟發式的小說，這已經超越「稀奇古怪」，前所未聞。

再加上刻意為之的超長標題、正因如此才能確實展現關鍵字給讀者看的封面設計，以及連商業人士也想購買的氛圍等等，這本書一開始就成功的速度相當驚人。

雖說是古怪的書，我也不得不認定真的有潛在的需求存在。這並不是讀了之後就可以變健康的書，只不過是能夠學會劈腿而已。不過，在看到作者唰ㄚ～地劈腿後，似乎也有許多讀者開始躍躍欲試。

此書的初版為八千本，因看到勢頭正旺，我心想這豈不是千載難逢的機會，於是點燃了我心中的決勝之魂。

其實，這本書光在書店上架就擁有會愈賣愈好的強大能量，再加上大膽地進行廣告攻勢，才產生了爆炸性的反響。

該書在五月發售，於八月突破五十萬本。到了年尾的十二月，由於TBS的超人氣節目《中居大師說》提到這本書，最終在一年內突破一百萬本。

稀奇古怪的事物──或許這聽起來不像讚美，不過，**要說至今為止從沒有存在過的事物有多麼偉大，不用如此強烈的字眼是無法表達的。**

き

キラーコンテンツを生み出し、広める

創造並推廣殺手級內容

做自己真心想做的商品

負責製作商品的各位，都為了想要商品熱賣而奮鬥著。我想，大家都在拚命地思考有潛力的市場或主題究竟為何，而目標又是什麼。

不過，比這更重要的是**去做自己真心想做的商品**。我認為，這才真正有可能成為得以強烈撼動人心的殺手級產品。

我第一次擔任企劃的書是上一間公司——潮文社發行的《請愛我一輪》（廣瀨善順尼編）。我是京都出生的，直到大學為止都在京都生活，因此我知道嵯峨野的「直指庵」是間很受歡迎的寺院。以供養水子*聞名的化野念佛寺也在附近，許多年輕女性都是為了找庵主諮詢而前去探訪。

也不知道是誰起頭的，去探訪的年輕人開始會將自己的想法寫在寺院裡的筆記本「回憶草」上。那本筆記本裡，寫著人們對戀愛的煩惱、對出路的迷惘以及對未來夢想的不安等內心所想的一切。我得到了閱讀這本筆

*類似於臺灣的嬰靈祭拜。

記本的機會，內心充滿青春期才有的悸動，非常令人感動。

於是我心想，若將這些整理成一本書會是個好主意。鐵定會成為讓許多人有所共鳴的書籍。不過，「回憶草」的筆記本太多了，在紙箱裡有數百本。當時剛到職的我因公司指派的工作而相當忙碌，實在沒有時間執行自己的企劃。

後來，我決定請取得內定而加入編輯部的優秀學生幫我從大量的筆記本中篩選。我告訴他，只要覺得這本不錯，就在上面貼標籤。

而這就是在他工作結束後向我報告，請我看標籤時的事情了。確實，光以標籤的數量來看是有滿足一本書的條件，但最重要的內容部分跟我想像的完全不同。我認為，應該還有更好的內容存在才對。

或許對方是以他自己的標準在選擇，和一開始就想「將數百本筆記整理濃縮成一本書」的我在認真的程度上完全不一樣。

也是在這個時候，**我理解到一百位編輯，就會做出一百種書的道理**。此外，我也是在此刻瞭解到編輯的真正意義——集結並編纂。而最讓我強烈感受到的是，認為「這個可行」的本人要完成整個出版的流程，這對製作者而言是最重要的，不可以請託別人。

我把所有的標籤撕下，從零開始進行篩選作業，埋頭於忙碌的生活中。筆記本上所寫的內容多半是平凡無奇的記述，不過，其中也有散發出閃耀光芒的內容。我很單純地享受找到這些內容並汲取出來的作業。

既有畢業旅行來到直指庵，受到嵯峨野大自然的啟發後記錄每日省思的國中生；也有懷了男朋友的孩子後墮胎，寫下她內心哭喊的高中生。在數百本筆記當中，集結了各式各樣的人生百態。

我打從心底希望能讓許多人讀到這些內容。比起書本是否會熱賣，或許我是以「成為最好的選擇」為目標。

當時的社長幫我想了個很棒的標題，也大力地投入廣告，書因此賣了超過十萬本，成為暢銷書。後來還發行了續篇、再續篇，甚至是新篇、嶄新篇等，聽說直到我離開這間公司，還是持續作為系列作發行。此事讓我深切感受我必須去做自己認為有趣的事物，而既然要做，就得做到最好。

努力不懈地發展「這個可行」的書籍

最重要的，是想要將這項產品公諸於世的真心。創造出讀者尚不知曉的嶄新價值，無論是驚訝或激勵也好、療癒也行、感動也罷，總之必須是擁有某種嶄新要素的殺手級內容。

其實，**Sunmark出版社讓許多第一次寫書的作者就大為熱賣**。原因在於，有不少新作者都能夠寫出殺手級的內容。

至今為止不曾寫書的人、不曾出書的人。新作者自然會有不知道結果如何的風險，對經營方而言也有讓人退卻之處。不過，我會在理解這些的前提下，賭在新作者的能量上。我想，就是這點吸引住讀者目光。

而正因為是用這種想法去製作書籍，「能廣泛且長遠地被人們讀下去」才會成為重要關鍵。除了都市地區以外，我們也要做出全日本都能夠取得的書，成為不限世代，人人都願意閱讀的書。

就好比我反覆閱讀的彼得．杜拉克（Peter Drucker）的作品，雖然原著是超過半世紀以前所寫的書，內容卻完全不古板。上了年紀的經營者自然不必說，就連高中生、國中生也會被感動，獲得幫助。那是因為，**人類與社會的觀點是書的本質**。當然，這樣的內容並非輕易就能創造出來，不過，至少我想要以這點為目標。

只要能確實創造出殺手級內容並著實推廣，就能得出成果。首先，要傾注能量，竭盡全力。一旦書本上市了，就要不遺餘力地去銷售。

想要賣書，就必須努力將其存在推廣出去。然而，並非全力促銷就一定能得出成果。即便再怎麼宣傳，賣不出去的東西就是賣不出去，這便是現實。

不過，還是會出現有幸得到讀者支持的書籍，而這些會成為各式各樣的兆頭相繼展露出來。我們要抓住這一點，敏銳地接受大眾支持，並用珍惜的態度培養。

根據書本的狀況不同，有些會一點一滴逐漸提高銷售數量，有些則是透過電視等媒介成為話題後，於短時間內一口氣大賣，種類繁多。**我們必須將書本當作「生物」**，採取與其成長程度相符的手段。

等看準決勝之際，就要冒著風險採取行動，在覺得可行的時間點一口氣宣傳，並持續推行新的對策。電車車門旁邊那塊橫幅空間又稱為「新B額面*」，此處會放書籍廣告，其實是早在二十年前由我們公司開始實施的。

當然，這需要花費相當的費用，不過，也是因為我們考量到靠其他廣

*日本電車就廣告位置劃分不同區塊，包含A額面、B額面、C額面等。新B額面的位置在車門旁，由於就在出入口，高度也剛好在一般人視線所及範圍，因此可見性和關注度很高。

告會有無法吸引到的客群才這麼做。事實上，配合書籍的成長幅度與時機點有可能捲起一波驚人的風潮，但另一方面，因期望落空而劃下句點的案例也不少見。與「生物」打交道是很困難的。如今已有許多同業加入電車廣告，雖說有點過度競爭，但我不認為是一件壞事。

即使收支打平，只要大家得利就好

我認為廣告必須要驚人才行，而這也是我開始做電車廣告的原因。過去我為《腦內革命》做的廣告，可是非常令人驚豔的。

在報紙的廣播與電視節目欄位的右上和左下處，有個稱為「表札*」的區塊，我就在那裡大肆地打著《腦內革命》的廣告。在那個年代久遠，人們還會看報紙的時代，這造成了很大的反響。

那是在突破百萬銷售之後的事情了。**我思考著往後要吸引哪個讀者群，得出的結論是，我應該去吸引那些不看書的人。**我認為不看書的客群就會是看電視的那一群人，所以會去留意那個空間。

當然，因為是關注度高的空間，廣告費也貴得不像話。我想，我們公司是第一個為單行本打廣告的。由於我們提出的要求是在沒有晚報的星期日於「表札」的上下區塊打廣告，印象中是在三個月後左右才終於實現。

結果廣告受到了前所未有的熱烈反響，東京的某間大型書店約花了兩天就把數百本的庫存消掉，書店甚至還跟我們說：「廣告已經不用做啦，快給我書。」事實上，本書以此為契機重新再刷了數十萬本。

至於廣告的內容，我們也進行了各種嘗試。將讀者卡片上所寫的閱讀心得——也就是「讀者的心聲」如實刊登在電車的橫幅廣告上，也是個很符合我們公司風格的方式。

很多時候比起製作方再怎麼重申「這本書很棒」，讀者回饋給我們的感想還遠遠來得有說服力。並非事實比小說還要稀奇，而是從確實完全沒有想像過的觀點和角度得出的感想如紙片般飛來。這類讀者的心聲，會造成許多人的回響。

此外，還有一件很重要的事。即使打廣告，如果書店或網路書店上沒有書，那也毫無意義。再者，若下了訂單後要花兩週才能拿到書，也可能

＊指廣告版位，通常在報紙版面的右上和左下區塊。此處特別是指報紙上電視節目表的廣告版位。

會造成不滿。**一條龍且快速地將書送到讀者手上**是非常重要的。

我們偶爾會親手將書送到書店，也曾從公司的庫存宅配出去。縱使多少會花一些成本或是少一些收益，我們也以想要盡早送到使對方開心為最優先。

從二〇一九年七月底到八月，我們大膽地挑戰了JR東日本的車門橫幅滿版廣告措施。整整一週，東京都地區所有JR的「新B額面」與連結門旁的「B額面」，也就是一節車廂共二十面的空間全被我們家六本書籍廣告給填滿了。

這是出版業界的首次創舉。當然，我們的花費極為驚人，所幸得到了非常好的廣告效果。

除了廣告代理商和媒體製作公司、書店與經銷商以外，如此大規模的措施鐵定也能讓紙業公司、印刷與裝訂公司等平常深受關照的各方客戶感到高興。

說極端點，我認為只要敝社的收支打平就好了。我能夠對改善這個世間「事物的循環」有所貢獻——可能有人會說這是自我滿足，不過這樣的看法或許也是可以成立的吧。

在做這類宣傳時，最重要的是**去除極限意識**。首先，要捨去單純計算成本才是一切最優先這種先入為主的觀念。只要想做，就能完成至今不曾有過的創舉。我們鐵定能多方挑戰的。

や

在柳樹下放金魚

柳の下に金魚を放て

不做在某部分換湯不換藥的事

在「Sunmark出版社歌牌」之中，我們特別重視的一句就是「在柳樹下放金魚」。

人們都說在出版業界，柳樹下可是藏有六、七條泥鰍的*。一旦出現了暢銷作，出版社就會接二連三地推出類似企劃的書籍，或是同一位作者的著作接連上市。

不過，我們不這麼做。因為，我認為重要的是產生新的價值。即使用換湯不換藥的方式賺到了錢，我也會單純地想著身為製作書籍內容的一方，這樣真的有趣嗎？

我們應該放的不是泥鰍，而是金魚。此外，還要是顏色鮮豔、從沒有人看過的誘人金魚。是至今為止不曾出現過的、會使人們驚豔的，且人們會覺得渴望、開心收下的金魚……就這層意義上來說，我們不應該模仿，

*日本有句諺語叫做「柳樹下的泥鰍」，意指並非偶然在柳樹下抓到過一次泥鰍，就代表以後也可以抓到，其引申意義為事情不會永遠順利，故不能夠守株待兔。

而是以會讓他人模仿的作品為目標。

雖然我現在已經不再參加企劃會議，不過以前我很重視「**是否驚人**」一事，而「**領先半步**」、「**不早不晚**」也是關鍵所在。

因此，我們的員工之間似乎有著一種氛圍——「不可以提出敷衍了事的企劃」，更何況是將某一部熱銷作品的內容換湯不換藥，實在太不像話了。我想，這點至今依舊沒有改變吧。

我本來就希望從零開始創造出版品的人能夠以大構想來面對企劃，並一面享受。製作方是否有快樂地製作書籍，讀者應該也會知道的。

此外，我也很堅持**不要輕易去消耗作者**。只要寫出一本暢銷作品，委託該作者寫書的需求便會蜂擁而至，這就是出版業。即使作者本身沒有感到不愉快，等回過神來，作者也會變得只出版與此類似的作品了。

如此一來，作者本身就很有可能被消耗、被消費者厭煩，最後被市場捨棄。實際上，這樣的事情也屢見不鮮。

就算有熱門作品問世，我們也是把重心放在讓它發光發熱，並盡可能拉長出版續作的時間。這也是避免消耗作者的一個方式。

雖說經營就是要看透潮流與時機，採取對策，不過真正優秀的產品，可以說是「讀者會願意等待的產品」才對，不用太策略性的方式也很重要。

順帶一提，在美國，不曉得是不是因為作家都是由經紀人在背後支持的，一般來說在作者寫出一部暢銷作後，多半都會繼續在特定的出版社推出作品，因此得以避免陷入作品粗製濫造的局面。

當然，由於英語圈的讀者基礎背景迥異，無法單純去比較，不過，應該還是有許多出版業界值得學習的地方。

ち

長所を伸ばせば欠点は隠れる

只要加強長處，就能隱藏缺點

唯有強大才能得出顯著的成果

不要以柳樹下的泥鰍為目標，意指無論藉此得出多少成果，都無法成為真正意義上的力量。我希望大家可以發揮自己的力量，換言之，即是發揮自己的個性與長處。

最重要的，是**能夠將自己的長處發揮到什麼程度**。這是我在出社會後，再次深切感受到的道理。

我是國立大學畢業的，在報考大學時，五個科目都必須很平均。另一方面，私立大學只看兩、三個科目。

在出了社會到出版的世界工作後，我感受到私立大學畢業的人大多都有一技之長且充滿魅力，能交出漂亮的成果，不過當然，這或許跟人數多寡也有關係。

在各種領域上能取得平衡自然也很出色，然而出乎意料的是，這並不會成為多大的魅力。與之相比，**具有一項較為突出的能力不僅能取得成果，還能產生獨特的魅力**。

說不定在自然界，也正發生相同的現象。

我認為昆蟲的擬態是其中的代表性案例。完全擬態成蘭花的蘭花螳螂在人類的眼中看來只不過是花。牠們會用那精巧的姿態吸引昆蟲靠近，並進行捕食。單憑「非常像蘭花」這個外表上的優勢，牠們就能夠活下去了。

還有個我最近才知道的案例，便是名為赤腰透羽蛾（學名）的蛾與黃蜂驚人地類似。藉由擬態成蜜蜂，牠們可以避免被鳥類捕食。這或許也可說是單憑「與黃蜂極為類似」的這個優勢，便得以生存下去了。

話題回到人類身上。說到讀書，我們都會有不擅長的科目，而即便想辦法將不擅長的科目拉到平均分數，這也不會成為長處，更不會增加多少魅力。我發現，自然界正是教導了我這個道理。

利用平均分數的想法製作出賣得差強人意的書籍並藉此賺錢，這究竟是不是件符合本質的事情呢？賺錢確實很重要，不過，倘若能最大化各自的長處來一決勝負，或許就能取得一百倍、五百倍的成果。

這正是軟體產業的特性，也是其魅力之一。當然，這不是件簡單的事情。如果善用出類拔萃的優勢，當失準的時候，狀況也會嚴重偏差，這是理所當然的。因此基本上，我不會因為書賣得不好就追問員工「為什麼拿不出好結果」。

原因在於，**我自己也出版過許多賣不好的書**。我之所以看起來很像製作出了不少熱賣書籍，不過是因為熱銷的書比較顯眼罷了，就只是這樣而已。再者，即使對銷售不佳的書籍追根究柢也沒有什麼意義。其中，並沒有本質存在。

變態正是創造的泉源

ヘンタイこそ創造の泉

希望成為一間充滿生物多樣性的公司

要擊倒他人非常簡單。每當見面時，就指出那個人的缺點。只要反覆這麼做，人類很快就不行了。

領導應該做的事情則與此相反。

「縱使咬緊牙關也要誇獎他人。」

——這是在經營者的研究領域中留下優秀成績的已故慶應義塾大學名譽教授清水龍瑩先生所說過的話。不是要矯正缺點，而是加強優點。不要著眼於缺點，靠優勢一決勝負比較好。這點就組織來說也是一樣的，杜拉克曾說：

「最重要的是，作為一個組織，要充分活用各自的優點，並完美彌補缺點。」

即使出現錯誤，也不可以拘泥於弱點，一個組織最重要的是該如何最大化成員的優勢，並掌握他們的劣勢。縱使想辦法將劣勢提升到中等左右的程度也不會令人驚豔，更不會產生魅力。

因此我發現，**我希望能成為一家充滿生物多樣性的公司**。要網羅出類拔萃的人。相較於能取得平均分數的人，更要去培育擁有確切優勢的人。

然而有趣的是，有時我們會看不到自己的優點。此外，也有可能本人認為自己擅長，卻得不到他人的好評。事實上，自己真正擅長的事物就潛藏在自己沒有認知到是強項的領域之中，且會因此受到他人好評，去做這些事情是比較好的。

為了不要不小心摧毀優勢，本人和周遭人們都必須直率才行。再者，周圍的人要察覺這項長處，並深入發掘。公司與上司必須要一直抱持著這樣的觀念。

如此一來，會發生什麼事呢？人們會逐漸變成正面意義上的「變態」。意識到自己的優勢，並盡全力堅持下去——這也會成為正面意義上的偏執狂。

事實上，Sunmark出版社的編輯當中就有不少人在某部分擁有這類特質。此外，他們偏執的方式完全不一樣。雖然也有堅持到底去做卻失敗的案例，不過一旦成功了，便能有所突破。換句話說，就是要確實擁有自己的編輯哲學。

在他人看不見之處執著的變態之力

杜拉克所寫的《杜拉克給經理人的行動筆記》中，就有以下這段話：

「在西元前四四〇年左右，希臘的雕刻家菲迪亞斯於雅典娜的萬神殿房檐處完成了雕像群。時至今日，那些作品依舊被稱為西洋最優秀的雕刻。然而，在雕像完成後，雅典娜的會計拒絕支付款項給菲迪亞斯。雕像的背面是看不見的，菲迪亞斯卻連沒有人會看到的部分都雕刻了，而且竟然還來請款，成何體統。針對這點，菲迪亞斯回答。並不是這樣的，眾神們正看著呢。」

我非常喜歡這段話。對與製作產品相關的人而言，這是種不可或缺的精神。神明就在細節中——完全正如這句話所言，即便是看不到的部分，也是看得見的。能得出優秀成果的人，鐵定都在做著這樣的事。

乍看之下無法看見的堅持，其實他人依舊看在眼裡。反過來說，偷工減料馬上會被發現，讀者也立刻就會知道。因此，作為變態是相當重要的。

舉例來說，就有對照片極為堅持的實用書變態編輯。在初次校對與二次校對時他都會寫上大量的校正，等到了校正結束階段，還會因為「說什麼都無法滿足」而替換照片。

由於寫了太多校正，不得不花許多錢在修正費用上，不過最後他還是會交出優秀的成品。許多書店店員因而成為他的粉絲，讀者也給了他很高的評價。我想，這就是變態才能做到的奇蹟吧。

再者，還有精通心靈世界，被部分人稱為「女王」的變態編輯。

其他還有非常堅持文章的變態、對目錄異常堅持的變態、「只做這種主題的書」的變態、興趣極為特別的變態。我就是如此想像著各種變態隨心所欲生活的姿態來經營公司的。

而這些變態編輯與變態作者的組合，就會誕生最強的書籍內容。作品無與倫比的作者實在讓人誠惶誠恐，果然都是變態。甚至，不會使我驚奇地想著「為什麼要堅持這些事情呢」的作者還比較少見。

說起來《怦然心動的人生整理魔法》的作者麻理惠小姐也是，我還記得在第一次打照面時，對方曾說「自己是整理方面的變態」。果然，優秀的變態正是創造的泉源。

む

沒有不勉強的成功

無理のない成功はない

因串燒店而誕生的暢銷書《母原病》

在我轉職到教育研究社（Sunmark出版社的前身）後的隔年，經手了一本名為《母原病》（久德重盛著）的書籍。書本發行後，以電視為首的媒體相繼介紹本書，成了熱賣超過五十萬本的超級暢銷作。

我在上一份工作與身為小兒科醫生的久德醫師有些交情，故委託對方育兒格言集的相關企劃。我們在咖啡廳會面並獲得了對方的同意，在會面結束時，剛好是傍晚時分。我邀請對方喝一杯，後來我們就到東京新橋車站附近的一間串燒店。

在一邊喝酒一邊閒聊的過程中，醫師開始談論以下的話題。

「植木先生，最近啊，由於母親極端的過度保護和放任，小孩子已經開始出現氣喘、腹痛、腳痛而無法步行等症狀呢。」

我問醫師這類疾病是否有個名稱，得知這類疾病是因母親所引發的，故又稱為「母原病」。

我感到非常驚訝。我完全不知道竟然有這樣的事，而我也被「母原病」這個詞給吸引了。我感受到其中蘊含了極為強烈的訊息。

因此我心想，比起格言集，讀者是否更需要認識「母原病」，便希望對方以此為主題來撰寫。

精神會對身體造成劇烈影響，已經是半常識了。不過在四十年前，狀況並非如此。

在九州大學的教授當中，有一位設立了日本第一間精神內科門診的池見酉次郎醫師，據說久德醫師是他的第一大弟子。尤其是久德醫師的專業「氣喘」，其多半是心因性造成的，才會與這項觀點息息相關。

這點先姑且不論。如果我們沒有去串燒店的話，就不會有這本熱銷書了。日後，這本書在公司內也很常被說是「因串燒店而誕生的暢銷書」。

多虧了此事，後來我便會跟作者在居酒屋喝一杯，盡情暢聊。之所以會養成這個習慣，並不單純是因為我喜歡喝酒這個理由。

在天國的父親伸出了援手!?

這本書的企劃雖然很順利就定了下來，不過直到最終原稿完成，我花了相當於約十本書的勞力，實在辛苦。

久德先生自己曾三度將總共三百頁、每頁共四百字的原稿重新寫過，算起來竟然高達九百張，不過在此，我就不特別詳細撰寫事情的原委了。或許是身為編輯的我當時處理方式還不成熟，再加上醫師本人重寫無數次，症狀的敘述變得很像在羅列病歷資料一般。

我必須將每個家庭的親子關係、夫妻關係以及手足關係等狀況作為故事展現，並將問題點確實地傳達給讀者。於是，我跟寫手出發到位於名古屋的醫師診所取材，並將內容擷取出來，重新製作成書的原稿。

本以為這樣狀況就能穩定下來，沒想到這回換醫師寫下了滿滿的校正。好不容易能當作案例整理好的故事，在中途就分崩離析。最終我們的氣氛變得很緊張，我甚至已經有演變成最糟事態的覺悟了。

不過就在這個時候，我偶然聽說久德醫師是原愛知一中（現愛知縣立旭丘高中）畢業的。其實我的父親曾在該校教授公民科課程，我發現醫生竟然曾是我父親的學生，真是不可思議的緣分。於是狀況變成「**原來您是植木老師的兒子啊？**」，讓我感受到這僵硬的關係出現一線曙光。

父親在我高中二年級時因病過世，因此我無法將這件事情告訴他本人，不過，這讓我覺得是在天國的父親向我伸出了援手。令人感謝的是，也不曉得是不是心理作用，在那之後醫師比較願意聽我方的提案，工作也變得稍微容易進展了些。

即使如此，到原稿定稿為止我們還是花了不少時間反覆溝通，每當初校、二校等校樣出來時，還是會因為校正問題產生糾紛。

還記得當我終於得到醫師的認可完成校對時，彷彿有股讓我想當場倒下的疲憊襲捲而來。

然而，**也確實因為逼迫自己和作者激烈地「肉搏戰」，並在這段緣分的幫助之下，最終那本暢銷作才會誕生。**

十天內將二十七萬本再刷書送到全國的店面

「沒有不勉強的成功」這句話可不只適用於製作書籍。無論對方是作者還是客戶，在一決勝負時這都是個不可或缺的精神。在關鍵時刻，果斷踏出一步和徹底執行到底的能力是很重要的。

舉例來說，就好比在二〇一七年五月發行，並於同年年底成為百萬暢銷書的《美體重塑！模特兒都在偷偷練，5個動作馬上就能瘦的史上最強瘦身操》（佐久間健一著）一書。責任編輯為當時進入公司第三年、二十六歲的蓮見美帆。她在率領實用書小組的總編輯小元慎吾底下，製作了大受歡迎的一本書。

其實對她而言，這是第一次企劃實用書。她完全不知道該如何企劃才好，也不曉得該如何找作者，只是定下了減肥這個主題，並搜尋了受歡迎的部落格。

於是，她注意到提倡「模特兒體幹」這個關鍵字的作者佐久間先生。起初她還有些半信半疑，請總編輯陪同與作者碰面。

據說佐久間先生至今曾指導過許多國際小姐和世界小姐的代表選手等，在推估對方可以撰寫出值得信賴的內容後，她便推行了企劃。在往後決定書籍的主要內容、鎖定訓練、刊載有真實感的經驗談，甚至是從嶄新的裝幀到書腰的文字方面，她都下足了功夫製作。

該書的初版為八千本，不過因為全力對作者下廣告，銷售數字轉眼間不斷上升，才一個多月就賣超過了二十萬本。關於這本書，在發售後我曾從責任編輯蓮見口中聽到了一個難以忘懷的小故事。

通常在樣書印好之後，我們會寄給與作者關係匪淺的人或是媒體相關人士，而當時，我們從作者方收到了相當於一百五十本左右的收件人名單。

沒想到在即將寄出之前，編輯收到了佐久間先生的聯絡，對方表示不想要用郵寄，而是由本人親手將書交給對方。

更令人吃驚的是，為了要在一週內送完，**這一週佐久間先生的總睡眠時間僅有十個多小時，平均一天睡不到兩小時**。

就是這點讓我無法置信。據說對方在送書時還會一個個貼上適合的重點標籤，並個別寫上訊息。

這豈止是「沒有不勉強的成功」了。在更深入瞭解後，我才知道佐久間先生本來就是個不太睡覺也無妨的體質，無論深夜還是早晨，不管蓮見何時發信給他，他都幾乎會馬上回信。

本來他就是個憑一己之力成為健身房教練，很年輕就受到全世界矚目的存在，**他的能量和一般人是完全不同的**。「這本書鐵定會熱賣。」那個瞬間，我如此確信。我之所以接連決定大膽再刷並下廣告，背後其實還有這個小故事。

作者這令人難以置信的能量就像被轉移到這本書上，抑或輕巧地爬上了臺階一般，販售的數量隨之成長。

媒體的介紹也時不時有所貢獻，而在十二月中旬TBS的《中居大師說》播放後，便成了最後的決勝關鍵。明明節目是在晚上，員工的手機卻接連收到全國書店的訂單，甚至從星期六開始到週休結束，都無法放下手機。

節目播放當天，該書就賣超過六十三萬本，隔天星期六就決定再刷二十七萬本。甚至隔週我們還追加十萬本，年末也再刷十萬本，最終突破一百一十萬本。我們在兩週左右內，就決定再刷五十萬本。仔細想想，這勉強的程度或許可說是太荒唐了吧。不過，書本還是如我方預期地大賣。

其原因在於，面對來自全國書店與經銷公司蜂擁而至的詢問與訂單，員工們跨越部門的藩籬，用充滿活力且奉獻自我的精神工作。畢竟，若在能賣書的時期店鋪沒有庫存，就毫無意義了。

就連那個時候，我們也幾乎在年底前就把十二月十六號決定再刷的二十七萬本書送到了所有的書店。在當今人手不足已成常態的物流現況下，這樣的處理已經出色到可說是神靈附體了。

在那段時間，除了幾乎沒有睡覺，拚了命完成工作的業務經理西川毅，還有那些不分晝夜地處理書店訂單和回應需求的每一位員工，究竟有多麼拚命呢？似乎連佐久間先生都相形見絀（？）了。不過，他們依舊出色地完成了工作。

令人印象深刻的是，某位女性員工回想起當時的情況後，悄聲地說：「正因為所有員工團結一心，才能完成這件事啊。」

說到製作暢銷書，這個業界很容易把焦點放在編輯上，不過其實是在業務部等其他部門的力量幫助下，才能夠達成這項創舉。**正因為有所有人的不顧一切，才會出現大成功**。就我的立場，我希望能夠抱持著感謝來守護這份勉強。

う

運がよくなる生き方をしているか

是否正用會讓運氣變好的方式生活呢？

謙虛的人、姿態低的人是很可怕的存在

常常有人問我百萬暢銷書是否有運氣與偶然的成分存在。這個問題十分深奧，我無法馬上回答，不過真的有些書會讓我去想如果發行時間晚半年會發生什麼事。這可能就是書的運氣吧。

我認為暢銷的產品，會在**結合各種要素後產生能量**。其中既有責任編輯強烈的期望和堅持，也有作者的訊息與想要廣傳給社會的意志，更有真心想將書籍公諸於世的業務與銷售努力。

這些全部組合在一起後就會變成韻味，傳達給讀者，並散發出「想要藉此派上用場」、「就算只有一點點，也希望某人能變得更積極」、「想要療癒某人痛苦的心情」這種無聲的吶喊，因此才會受到讀者支持。

就這層意義上來說，我認為編輯、作者以及出版社的思考方式和行動，會帶給這種「無聲的吶喊」偌大影響。說得更極端點，即是**是否正用會讓運氣變好的方式生活**。這不正會招來好運嗎？

當然，我並沒有把全力都放在讓運氣變好上面，不過想要生存下去，

運氣的觀點極為重要，就連松下幸之助先生也曾反覆提及運氣。對於肉眼不可視之物的敬畏會作為現象表現出來，這點是無庸置疑的。

正因如此，書本才是有生命的事物，首先，我們必須重視書本本身。雖然在二〇一九年時把業務外包了，不過敝社長年以來都是自己經營物流中心的。在物流中心工作的人員對於重視書籍一事都有很強烈的意識，縱使是退貨的書籍也會小心處理。「正因為是書本的起點，我所負責的工作非常重要」這樣的心態最為關鍵。

也多虧於此，他人對敝社的評價便是書籍都能夠用漂亮整齊的狀態送達，且能正確無誤地到貨。

不過說到書本在倉庫是否有被小心地對待，或許讀者是不會知道的，畢竟無法用眼睛看見。然而，正因為這是眼睛無法看見的部分，才很重要。這點也會左右運氣。

達成偌大成功的人**當然運氣很好，不過他們也都相當謙虛，不會自以為了不起**。我有加入東京扶輪社，並留意到愈是從事頂尖工作的人姿態愈低，也很體貼。

我以前很怕那種自以為了不起的人，無論是誰都會怕那種人的。不過，我現在可不一樣了，我更害怕謙虛、姿態低的人。也就因為這樣，這種人才會如此成功。

你是否能成功，與你平常的行動和生活方式大有關聯。

船井幸雄老師教我的事

說到謙虛又不驕傲的人，我腦中馬上浮現船井幸雄老師。

老師的思維是**「運氣和命運是很重要的，只要掌握訣竅，無論是誰，都可以吸引好運」**。關於在因緣際會之下與船井老師一同完成的工作，雖然會有點冗長，但我還是想要告訴大家。

老師在一九八〇年代時，就已經透過數家出版社出版過不少著作。我一直認為老師的每本作品都獨具魅力，只是當時依然沒有一本書集結了老師優秀的精華。

於是我心想：「我應該可以做出更能夠聚焦在讀者『想閱讀的重點』上的書籍。」

接著，我為了企劃出一本能成為船井老師最優秀著作的書，以及凝聚老師的本質，能在生活方式上給予人們啟示的書，去找老師提案。那應該是一九八九年左右的事情了吧。

當時船井老師並不知道我們公司，被我方的熱情給感化後，便產生了「就陪你們試試看吧」的想法。不過，至今我依舊清楚記得，老師明明是個成立船井綜合研究所，成功成為經營顧問業中第一個在東京證券交易所第一部*上市且出版過許多著作的名人，事實上卻姿態很低，與我方相處也相當直率。

或許是在決定書本的方向性之前我反覆煩惱太多次吧，光是讓最初的企劃成形就花了超過兩年。再加上想要將取材後所得到的內容整理進老師的原稿裡面，之後出版了《男性的品格》等作品的暢銷作家川北義則先生也來協助進行。

以下就是閒聊了。我和川北先生是在派對上認識的，不知怎麼，我們很合得來，之後也在不少工作上受到他關照，還有幸出版他的暢銷作。

一九九二年，敝社首度發行船井老師的《未來十年生活方式的新發現》，加上在座談會上有船井綜合研究所的協助，銷路超過預期，達到十七萬本。

書賣得好當然很讓人感謝，不過現在回想起來，我深信透過這份工作向船井老師學習到人生與經營的相關原理和原則實在遠遠寶貴得多。

老師如口頭禪般掛在嘴上的「**直率**」、「**正面思考**」、「**喜歡學習**」是能夠成長的三個原則，以及「**發展好運的商品，與好運的人相處**」等言論都在無意識之下影響著我，甚至直到現在，我的腦中依舊會瞬間浮現出這些話。

我也深切感受到我身為單行本編輯究竟蒙受了多麼難以想像的恩惠，好比藉由工作直接受到高階經營者的薰陶等，這點我之後會提及。這些都有助於我孕育出我自己的運氣。

因「船井人脈」而接連誕生暢銷書

不曉得是不是因為《生活方式的新發現》一書熱賣而感到高興，後來是老師主動對我說：「植木先生，下次就來寫《真品的發現》吧？」，提議

＊相當於主板市場。

說要出第二集。

接著，老師便針對「世界上的一切都是必然必須的」、「該如何判別真品」、「與真正的人才、真正的商品來往」等議題開始撰寫。

船井老師介紹了幾位他所推薦的真正的人才，我便與川北先生兩人到各地拜訪，進行面對面取材。在這之中，我曾訪問過因EM技術而廣為人知的琉球大學教授（現為名譽教授）比嘉照夫老師，感到「無論是人還是工作，果真都是真品」，當下就決定也為比嘉老師出一本書。

EM意指Effective Micro-organisms（有效微生物群）的縮寫，由比嘉老師發現與開發，是能夠有效作用在以人類為首之生命體上的微生物群混合培養液。此技術除了活用在農業上能夠量產高品質的作物外，在環境與醫療領域也有顯著的效力，更是全世界內行人才知道的研究與實際成績，不過在此我就不詳細談論。

而在船井老師的作品第二集《未來十年真品的新發現》發行的數個月後，我們也發行了比嘉老師的《拯救地球大變革》。《真品的新發現》如預期般大受好評，由於在最終章介紹了比嘉老師的工作與簡介，讀者對他的著作的期待似乎也增加了。

一般讀者不知道比嘉老師，在船井老師助他一臂之力之下，書本發售後，《日經新聞》立刻就刊登了兩人的滿版對談廣告。多虧於此，以環境、農業和醫療為主題的書罕見地突破了二十五萬本銷售，成為超級暢銷書。

船井老師的人脈從企業經營者、大學教授與研究人員到醫生、作家，甚至是靈媒都有，實在非常多樣化，他和每一位大人物都一視同仁且平等地交流。一旦有作為取材候補的話題人物出現，老師就會當場打電話幫我們牽線。

簡直就像好運的人當場示範了他的行動原理一般。

而在船井老師表示「有一位熱心的醫生正從事很優秀的工作」並介紹給我們的，便是後來成為《腦內革命》一書作者的春山茂雄醫師。春山醫師自東京大學畢業後便在診所擔任院長，是位從早到晚都為了患者奉獻而工作的醫師。

春山醫師從歐美的最新知識和許多病例中證實，只要保持內心平靜、正面思考，便能夠透過腦內荷爾蒙的作用變得健康。

換句話說，船井流的經營觀與人生觀是個從醫學與醫療層面得以佐證的存在，使船井老師受到矚目。在經過了二十五年的現在，這些醫學上的見解多半都已經成為常識，不過在當時，這是個非常耐人尋味的嶄新思考方式。

後來，在船井老師的著作第三集《未來十年與愉快生活有約》中，老師撰寫了享受人生的生活方式，並在第一章詳細介紹了春山醫師的工作。

甚至，書中還事前預告了在三個月後春山醫師會發行的首部著作《腦內革命》，促成了在出版業界也很少有的現象——「在書籍中預告新書」。

船井老師的「未來十年」系列每部作品都獲得約十萬名左右的讀者支持，因此我們期待**可以打造出讓許多讀者殷切期盼無名作者第一本作品的環境**。這是個試圖把成功案例《真品的發現》以更大規模重現的作戰。

由於事情很順利地如預期發展，在《腦內革命》發售後我們展現了得心應手的第一步，陸續獲得讀者的共鳴，成長也上了軌道。

而回歸到「運氣」這一點，我感受到在聽從船井老師所說的「與好運的人相處」這個原理後，我自己的運氣似乎也跟著變好了。我深感與船井老師的相遇實在是一段深切的緣分，無論再怎麼感謝也不足夠。

か

「過去はオール善」と心得て前を向く

領會「過去皆為善」並向前邁進

多虧了大學考試兩度落榜，才有今天的我

「過去皆為善」是船井幸雄老師說過的話。我認為這是一句很優秀的箴言，因此決定收錄在「Sunmark出版社歌牌」當中。要認同自己的過去，積極面對過去曾發生的事。實際上，這樣的結果多半都會是正面的。我希望有更多人可以理解這點。

以前，我曾連續好幾年都在某間名門女子大學就職課程所舉辦的媒體研討會演講。其中，迴響最大的就是這句「過去皆為善」。

我畢業於京都大學文學院，不過其實我重考過兩年，而且我最開始報考的學院還是理學院。我本想要專攻數學，沒想到落榜了。就在我重考的那段時間，我與哲學相遇了。

尼采、沙特（Jean-Paul Sartre）、叔本華（Arthur Schopenhauer）……我本來是抱持著排解上補習班的鬱悶才開始閱讀，結果徹底深陷其中。我甚至還考慮在大學學習哲學，便將志願從理科轉到文組。不過，由於增加了社會學科的考試項目，我來不及準備，所以再度落榜，就這樣重考第二年。

我父親是同所大學哲學系畢業的，大哥與二哥也是應屆合格。在「京都大學應屆合格是理所當然」這種沉默的壓力中，我身為重考兩年的三男，過著無地自容的每一天。

然而，也正因為我考上的不是理學院而是文學院，我才能與這個出版的世界結下緣分。這並非轉禍為福，**而是我本以為是失敗的經驗，結果反而對我來說是加分的**。

再者，重考兩年的痛苦也成為了我的糧食。我深切瞭解到看不見未來，被逼迫至懸崖邊這等辛苦的境遇究竟為何。因此，我也多少明白和我處於相同狀況的人有什麼樣的心情。

我在媒體研討會上分享了這個經驗，結果結束後有一位女大學生向我走了過來，在我面前痛哭失聲。一問之下，她才說其實自己的第一志願是別間國立大學。她第一年也有報考那間大學，卻落榜了。由於無論如何都想上那間大學，她甚至重考一年，卻還是得到一樣的結果，最終來到這裡。

因為後來就讀的是知名大學，在其他人眼中看起來她過得一帆風順。即便如此，對她本人來說，考上這間學校是嚴重的失敗，更是一個很痛苦的經驗，一直留在她的心中。此外，她沒有辦法對任何人訴說。

在聽了我的話之後，她才第一次說出連對雙親和朋友都沒能說出口的真相，最後，她露出了笑容。我想，這件事情鐵定成為了契機，讓她重新出發。所謂「過去皆為善」，我也告訴她，她就讀這所大學一定是有意義的，一定會發生好事情的。

我當時還很擔心，若遠遠地看，一名女大生在我眼前哭泣的光景應該很不妙呢。

正因為有過單憑兩人就成立編輯部的辛勞

我大學畢業後第一間進入的公司，是位於東京市之谷一間名為潮文社的小出版社。該出版社曾出版詩人種田火頭山的作品集與新書系列，可以由編輯斟酌調整後再制訂企劃，便是這間出版社的魅力。然而，其社長是位相當古怪的人，許多編輯才到職沒多久就辭職了。我在這間公司任職兩年，甚至在當時還被說是撐最久沒辭職的。

雖說我任職的期間不長，不過從制訂目錄的方式到製作廣告原稿的方法都是由社長親自指導（其實是因為總編輯一下子就辭職了），直到現在，我依舊覺得很感激。

在不顧一切辭去這份工作後，我發現一間位於東京高田馬場的教育研究社正在徵才，也就是Sunmark出版社的前身。當時公司是靠訪問銷售家庭教育相關套裝產品來經營的，不過公司也新設立了書店通路部門，展開製作一般書籍的計畫。

當時，只有我和現在以文藝評論家身分活動的清原康正先生兩名員工，簡直就是由我們兩個人從零開始成立編輯部，實在非常辛苦。即使致電給候補作者，也是不停地被問「你說你們是什麼公司啊？」完全沒有知名度，對方當然不知道了。

然而，正因為是在這種狀況之下，無論是打一通電話還是寫一封信，都必須要做足準備。如今回想起來，其實每件事情都充分鍛鍊了我。

現在，已經有不少作者會向我們表示希望由Sunmark出版社來出版他們的著作。如此一來，編輯不必那麼辛苦也能夠馬上見到作者，對方也很快就會接受企劃，完成一本書。

在這樣的環境下，說不定編輯的自我鍛鍊與成長反而會變成負數。這點我們必須仔細去思考。比起進入知名的公司，在無名的小公司工作也許才潛藏著「過去皆為善」的可能性。

在我察覺到這些道理的過程中，我開始會深入去思考對我自己而言的「好事與壞事」。**乍看之下是好的事情，真的就是好嗎？或者乍看覺得是壞的事情，又真的就是不好的嗎？**

或許好事也有可能是壞事，而壞事其實也是好事。我們必須仔細去思考這點。

比起「頭腦聰明」，「內心聰慧」更重要

一旦開始工作，就會發生讓人感到幸運的事與並非如此的事。就好比製作書籍，對編輯來說，負責熱門話題與備受期待的作品或許就是件開心的事。

不過，所謂備受期待的作品正因為受到期待，才會從一開始就背負著不利的條件。公司內部自然不必說，讀者也會殷切期待，甚至可以說和一般書籍比起來，要暢銷的難度更高。

除了工作以外，許多人也會煩惱著人生的幸運與不幸，更有人在很年

輕時就被迫在痛苦的處境中生活。人生一直過得不順利、幸運無法降臨在自己身上、事情不如自己所願、無法獲得結果……儘管如此，我依舊希望你務必要改變看法。

本來就沒有人一輩子做什麼事情都順風順水。就這層意義上來說，我認為在早期的人生就遭遇挫折或辛苦，默默對此抱著自卑感才具有相當大的意義。原因在於，倘若沒有經歷過這些體驗，就無法理解他人心中的痛楚。

那種考試或應試時都很順利的「頭腦聰明的人」當然很好，不過，我會被「內心聰慧」的人給吸引。所謂內心聰慧，意指能夠想像對方或周遭人們渴望些什麼、期待些什麼的人。這些人會顧慮到對方與周遭人們的心情，多方考慮。

那麼，怎樣的人才能成為內心聰慧的人呢？我認為是十分瞭解痛苦的人，以及經歷過挫折和痛苦的經驗，知道何謂心痛的人。此外，我也在思考，**比起頭腦聰明的人，內心聰慧的人可能會把工作做得更好**。

譬如在取材時，就常遇到採訪對象會向A闡述，卻不對B開口的情況。是什麼造成了這樣的落差？取材會完全發揮出傾聽者的綜合魅力，內心是否聰慧，會大大影響取材內容的質與量。

很多時候，心靈的聰慧程度是由痛苦的體驗所培育而成的。我們在錄取人才時，也會詢問對方如何活用自己挫折的經驗。我會對有自卑感的人產生興趣。並不說菁英不好，而是我會深受並非一帆風順的人吸引。

「過去皆為善」。最重要的是領會這個道理並向前邁進。

印象深刻的三本早期著作

在此，請容我介紹一下我在教育研究社時期經手過的三本早期著作。

首先是《謠言的真相》創刊總編輯——岡留安則先生的第一本著作《斬斷雜誌》。雜誌的創刊與首次出版的慶祝派對是在東京厚生年金會館舉行的，是個讓人十分懷念的回憶。

以敝社的發行陣容來看，這本書或許給人性質不同的印象，不過一面與權力拚命奮戰，在軟硬交織的人脈中「如同所想的那般貫徹想做之事」的態度，讓我感受到一種精神上的淨化。

雖然岡留先生很遺憾地在二〇一九年過世了，但對方那太陽眼鏡底下的羞澀目光將永遠活在我的心中。

我們總是在新宿黃金街一間隱密的家庭風酒吧「KOURO」討論原稿，在完稿之前我都數不清我去過那家店幾次了。我感覺岡留先生似乎徹底鍛鍊了我的肝臟。

接著是「給越南和平！市民聯合」的活動家，現在擔任日本Pen Club會長的吉岡忍先生的第一本著作《「報導」教師的假日》。我注意到吉岡先生在月刊雜誌《教育之森》連載了與教育相關的優秀報導，便委託對方撰寫原稿。

其彷彿深入受訪者內心深處般的細緻採訪，以及用柔和的文章將社會問題報導出來的感性實在無與倫比，我有預感，吉岡先生總有一天會成大事的。

之後吉岡先生因《墜落之夏》榮獲講談社的非虛構文學獎，並在新聞節目上以記者的身分大為活躍，看見那樣的姿態，我不由得為他貫徹初衷的態度聲援。

自以上兩本書後間隔超過五年所發行的，是將週刊《女性本身》培育成銷售一百萬本的知名總編輯——櫻井秀勳先生的著作。

在櫻井先生離開祥傳社創立月刊《La Seine》之後，我在因緣際會下經手了櫻井先生的第一本著作《你能在不瞭解女性的情況下吃飯嗎》。

當時為了慶祝雜誌創刊與首次出版，我們也在日本工業俱樂部舉辦了紀念派對。

所幸被通稱為《女飯》的書籍得到偌大的反響，一再加印，其系列作品銷售累積高達四十萬本，成為熱門暢銷書。藉由用餐與日常的交談，我從櫻井先生身上學習到編輯的要領與身為編輯者的經驗，而這些也都成為了我寶貴的財產。

不想再回首的時期

雖然我嘴上說著「過去皆為善」，不過就像本書開頭所提及的那般，確實，我也有過「不想再回首」的時期。

其實在《母原病》系列大為熱賣後，一九八〇年代初期單行本就開始萎靡，在集團公司的方針之下，**自一九八三年起的好幾年間，曾有段我們沒有在書店通路出書的時期**。

當時我們的關係企業擁有許多擅長家庭訪問銷售的業務人才，決定開始積極從事社內銷售*，便下達了公告，打算製作針對地方自治團體、企業、居民會等的四色印刷大尺寸實用書。此書會有一小部分在書店內流通，不過直接銷售依然是主體，書店通路的定位只是附屬品。

某一天，公司突然就這樣對幾名員工下達命令。

我們的能力不足正是原因所在。不過在跌跌撞撞之下，包含以前的工作，我也持續這份工作七年以上，將在書店販售的這種直接感受當成是工作的意義，對於這點，我也感到很驚訝。

為了能夠有效率工作，針對以業務為主的企劃，編輯部定下了大綱，並決定要將原稿的製作委託給外部的編輯製作公司*。

《婚喪喜慶的禮儀》、《漢字用語字典》、《簡單！讚嘆！健康吃！》、《信件與演講集》、《輕輕鬆鬆烹飪》等，滿滿都是實用的雜誌書*。

---

*針對企業員工的內部銷售。

*接受出版社、廣告代理商等委託，負責編輯書籍、雜誌等實務工作的媒體相關企業。

*Mook，日本創造推廣的一種出版品類型，內容圖片占比重，並以主題式情報為主，性質介於雜誌和書籍之間。

其中也有出版品達到銷售數十萬本的實績，不過也因為採取既有通路銷售*的方式，仰賴業務能力來清空庫存，沒有辦法實際感受到成功或失敗。**在我漫長的編輯生涯中，沒有比那時候更索然無味的日子了**。

說起來，那是突然被告知業務內容變更時的事情了。

由於心情很鬱悶，有時候酒席上會有人藉酒大肆抱怨，我自己偶爾也想要悶悶地喝酒，便前往新宿的黃金街。

接著，幾個小時後。很遺憾，別說悶悶地喝了，我竟然像平常那樣聊著無聊話題而捧腹大笑。果然，要我連喝酒的方式都變得很負面實在是太困難了（笑）。

是我天生就是樂天派嗎？我不會特別為了改變現狀而掙扎，也曾在那段時期相當熱衷。我的興趣是將棋和網球。

由於在集團公司之中有許多業餘的五段將棋好手，大家便組成了將棋社。我當時的棋力才剛成為二段，便擔任了部長，包含對外比賽，我相當積極活動，甚至每週都去新宿的將棋中心。

在那段過程中，我成了能夠上場參加企業團體戰的等級，在武道館面對來自全國的猛將，雖然緊張，卻也是極度幸福的一段時光。

此外，我也很熱衷網球，我還記得我每個星期都會去上網球課，持續五年以上。

位於荒川河岸的大宮健保運動場內部有個網球場，是我們的地盤。在夏天的休假日，我們會在上午花整整四個小時追逐著球，雖然下午就會因為疲勞而什麼事都做不了，不過，或許還是有鍛鍊到身體的。

不小心扯太遠了。

我之所以能夠不疾不徐地熱衷於將棋和網球，或許是因為「吉」吧。

作為社內商品出版的《到了二十歲該讀的書》（原本是用來當作地方團體成年儀式上的紀念品）相當受到好評，而我們最後也改變標題和裝幀，正式決定以書店為取向進行銷售。

那是一九八六年的事了。

後來該書以《青壯年情報源「常識篇」》之名發售，在沒有宣傳的情況下開始銷售。以本書為起始，我們出版社誕生了總共二十五本、共銷售三百萬本的大暢銷系列作，不過詳情就請容我省略了。藉此，我們順利達

＊拜訪既有客戶去銷售。

成了書店通路的回歸。
果然，這就是所謂的「過去皆為善」吧？

第2章

能量會驅使人行動

い

一冊のエネルギーが、人生を変える

一本書的能量會改變人生

一本書的能量，就在手掌中

我在二〇〇二年準備就任社長之際，到處去問了許多人經營上最重要的是什麼。於是，有經營經驗的人多半回答我「**現金流與經營理念**」。

由於當時公司就如我先前所述，正處於財務極為嚴峻的狀態，因此我當然首先最強烈意識到的便是現金流。為了在二、三年內穩固基礎，我四處奔走，而編輯與經營者對業務的觀點、決策的內容也必須要有所改變才行。當時整個出版業明顯開始走下坡，我認為應該用將一切歸零的方式思考。

再來就是確立「經營理念」。當時我們最先做的，就是讓不到四十名的全體員工放下所有業務，整整三天關在熱海的旅館內互相討論。

最一開始的主題，是如果要用一句話來表達現在的Sunmark出版社，會怎麼形容。也因此，探討商標與企業理念的企業識別系統（CI）委員會小組就這樣開始活動了。

雖然是有方法馬上就能構思出「代表公司的一句話」，不過在我心中，這種事本來就是要花時間好好去思考的。最重要的是，我們的公司與生產文字的工作息息相關，我希望好好編織出能代表我們自己的詞彙。因此，我們是在一面接受顧問老師的建議之下，花時間精心想出來的。

就這樣，我們花費將近一年半時間所誕生出來的最高核心理念（經營公司的核心想法），便是「**一本書的能量，就在手掌中**」。希望我們所發行的**每一本書，都能夠成為讀者活下去的能量**——我們將這個願望濃縮成了這句話。

在開始製作書籍後，有件事情我一直很在意，那就是，書到底是如何散播出去的呢？

在不斷苦思後，我才知道。書就好比能量體一般的存在，其能量的大小吸引著人們。書會因應不同人各自的成長階段給予能量，並改變其人生。

所謂「一本書的能量，就在手掌中」，正是我們想要傳達給世人的訊息。於是我開始思考，我們必須成為能夠創造並傳播能量的一間公司才行。

え

エネルギーの伝播現象を口コミという

能量的傳播現象便是口耳相傳

無法抑制書的能量而不自覺向他人訴說

所謂書本，基本上靠口耳相傳便能大賣。這點即便世代改變了也一樣。而同樣地，網路與社群網站也是一種口耳相傳。經由他人傳話來逐漸散播出去，便是書的基本銷售方式。

那麼，靠口耳相傳便能大賣指的是怎麼一回事呢？

我已不斷重申，書本並非只是單純的物質存在，而是像能量體一般的東西。只要讀了一本書，讀者就會吸取一部分書本的能量到自己心中。我想，所謂的口耳相傳，即是書本內在的能量過於強大，讀者無法壓抑在心中而外顯出來，便會不自覺對他人訴說。

接著，聽聞這件事的人也會去讀同一本書，將該書的能量吸收到自己體內。如此一來，這個人同樣會因為無法壓抑這股能量而對他人談論。接著，口耳相傳就會逐漸散播出去。

換言之，口耳相傳意指「**書本的能量傳播現象**」，即是令人驚訝、感動、感嘆的傳播現象。因此，該如何製作能量龐大的書非常重要。這便是「**書=能量理論**」。

有趣的是，縱使是一開始不太賣座的書籍，只要其內在具有讀者無法壓抑的能量，就會有很好的反響而熱賣。

以我們來說，基本上一開始就大賣座的書才稀奇，畢竟這違反原理。在我看來，這就像是給還在蹣跚學步的幼兒穿上制服一樣。

只要書本有力量，即便是小廣告也會引起反響

有時出版業會出現人為購買的情形。因為希望能夠在書店的銷售排行榜中排名靠前而大量購買。然而很遺憾地，我只能說，這就代表完全不瞭解事情的本質。

想要讓書本擴散，能量的傳播現象是很重要的。若認為短暫提高排名，人們就會願意購買，那就太愚蠢了。別在這種地方做無謂的努力，只要製作擁有大量能量的書籍，就能夠確實地透過口耳相傳推廣出去。

我們近來經常看見利用網路進行的大規模宣傳，其實這也是一樣的。當然，針對讓人們知道書本存在的意義上來說，利用網路鐵定是很有效果的。不過，人們會質疑的問題依舊為**這本書本身是否具有力量**。如果沒有

確實掌握這點，就很可能造成誤解。重點在於，這是否真是一本讀者會想要口耳相傳的書？

事實上，真正有力量的書就算只打了一個小廣告，也會有讀者反響。縱使只是在報紙文章下方設置的五篇廣告空間中占了數公分的極小篇幅廣告，只要書本的能量強大，主題又有打中讀者，讀者也會產生反響。

就這層意義上來說，**廣告所擔任的職責只是稍微推動商品的販賣而已**。若這背後的支援起到一定程度的反響，再配合書本的成長程度更加把勁即可。

把書當成生物來培育，並根據不同的狀況去思考如何應對。當想要將書本培養茁壯時努力去做，就能出現巨大的改變。

到目前為止我已經講述了關於書本的能量，而仔細思考後就會發現，或許本來自然界就是透過能量才成立的。

地球被太陽絕對的質量（能量）所支配，繞著太陽周圍打轉，而月亮繞著地球打轉也是相同的原理。如果以這樣的眼光去看這個世界的各種萬象，也許就會產生意想不到的有趣發現。

我已經提到了好幾次能量、能量，可能有人會覺得實在很厭煩，而直到最近，從二十歲時就認識的朋友對我如此說道。

「你從學生時代開始就老是在說能量、能量的呢。」

看來，我本來就是容易對能量產生反應的體質呢。就這層意義上來看，我搞不好很幸運地找到了這樣一份工作也說不一定。

て

天地自然の理（ことわり）に学ぶ

向天地自然的道理學習

就算會熱賣，也不出不道德的書

在全體員工構思出「一本書的能量，就在手掌中」這句話的同時，我們也開始著手進行鞏固經營理念的工作。身為經營者的我一面從不少案例中學習，並同樣花了一年左右才思忖出以下這句話。

「向天地自然的道理學習」。

書本會不會熱賣，或是事業會不會順利，甚至更廣義來說，包含日本這個國家的命運等等，彷彿一切都是以「天地自然的道理」為根本才成立的。這個道理，我跟員工們也經常有所共鳴。

因此要以「向天地自然的道理學習」作為經營理念，不能做出違反天地自然之理的事——我希望能夠重視這個想法。就某種意義上來說，這個經營理念也一併決定了我的生活方針。

重視本該如此的事物，並盡可能坦率、正直地去做各種事情，製作會給予人精神、鼓勵、勇氣的書。

無論對什麼人而言，人生都有許多很辛苦的部分。因此，我才想要製作出貼近讀者人生的書籍，並藉此成為被社會需要的公司。

不管可能會賣得多好，我也不做欺騙造假，或是會傷害他人、危言聳聽的書。我不以柳樹下的泥鰍為目標，因為，我不認為那是正確的事。

舉例來說，以醜聞為賣點的書籍有時候會大受歡迎。或許有人會覺得能賺錢又會提升收益有什麼不好，但我可不這麼想。若以醜聞為賣點，就會在某處傷害了他人。

我不由得想，這種書對我而言就像在散發負面的電波，並使事物的氛圍變得負面。就結果來說，這也會對出版社產生負面的影響。

任何商品都一樣，應該仔細去思考**這個商品是會讓公司運氣變好的商品，還是運氣不好的商品**。我們極力地想要製作會使自己公司運氣變好的書籍，想要出版會療癒讀者、使讀者打起精神、醒悟並產生變化的書。

只要不斷推出真正會使讀者感到滿意的書，自然就會確保業績了。若並非如此，員工也會無法感受到做這份工作的價值。

雖然我也知道這麼說很失禮，不過，我還真在意以挖醜聞為工作的人究竟長什麼樣子。把自己的事情拋開不管，只窺探別人的缺點與不好的部分來當成生意，真能夠過上順利的人生嗎？

到頭來這真的會對世界有所貢獻嗎？對這個世界而言是否真正需要

呢？每個人都必須去探討這點。

不要勉強去打亂員工的生理節律

天地自然的道理在經營上也是一樣的。譬如在廣告上刊載的銷售書量灌水，假裝非常熱賣等等，這種事情在出版業很常見，不過我們不會去做，我們會刊登正確的數字。

對於書店的訂單，原則上我們也會全數出貨（按照對方所期望的書量），不做互相試探。只要書店認為出版社不會照全數出貨的話，就有可能多訂貨，最終導致不正確的結果。

至於報稅部分，雖然我們會以企業的身分節稅，不過我們基本上是很正直的，不會做奇怪的事情去蒙混欺騙。

我希望去思考**該如何在盡量順其自然去做的前提下獲得成果**。

這點在經營組織的領域上也是相同的。正因如此，我才認為所有的員工不需要維持總是做出暢銷書，或是一定要取得什麼成果。無論是誰都有狀況不好的時候，此時稍微懈怠一下工作也沒有關係。

編輯也有自己的生理節律。每個人有高潮與低潮時期是理所當然的，我並不期望所有員工「永遠都在浪尖上」。在大自然的潮流之中，有人待在順風處，也有人在中間地帶，更有處於低處的人。

既有長時間待在高處者，也有長時間待在低處者。五年、十年來都沒沒無聞是很困擾沒錯，不過等待時機是很重要的。

不可思議的是，長年沒有出版暢銷書的編輯會有所謂覺得「要來了！」的時間點，並開始不斷地出版暢銷書。而當低迷的人出版了暢銷書以後，同樣低迷的其他人也會跟著出版。

反過來說，曾出版過暢銷書的人狀況也有可能變得沉寂下來。實際上，生理節律就是像這樣錯開來的。

結果到頭來，我認為順應天地自然道理的經營方式——更進一步來說是生活方式，應該是最合理的。即使做了違反道理的事，也會遭到報應。勉強刷上的油漆總會脫落的。為了讓周遭人們產生好感而做表面的事，是完全沒有意義的。

ほ

以「本然」為基礎制定策略

「本然」をベースに戦略を立てる

是否能貫徹「本來就是如此的事情」？

有一個我非常重視的詞彙是與天地自然之理並列的，那就是「本然」，意指本來就是如此的事情。

這個詞並不常用，不過，任誰都有本然。若無論何時都遵循著本然生活，便能夠保持自然且不感受到壓力。用更淺顯易懂的句子來表示，它是如「個人風格」根本之處的存在，因此大家這樣理解也無所謂。

尤其是對從零開始創造產品的工作而言，本然是不可或缺的。無論是作者還是編輯，若不挖掘自己的本然，就什麼事情也無法開始。

每個人都要看透作者的本然與編輯的本然，並在各自的本然交會處工作，該處所產生的「產品＝書」，這不就具有能量了嗎？

若更詳細一點解釋，不同的出版社應該也有各自的本然。**而在三者本然交會處誕生的產品，就會更具有能量了。**這是我根據自身經驗所制定的假說。

本然是個能與優勢互換的詞彙，或許，這個詞也能夠用來表示從根本來說對那個人而言最沉穩的狀態，以及就算不過度勉強也能夠保持的態度。正因如此，我們才必須更加、更加著眼於此。

以編輯來說，大家當然會有各自擅長的領域，以及至今為止所培育的基礎和人際網絡。倘若其中存在著本然，只要好好去珍惜就行了。

相反地，假使無視本然，硬要去做本來並非如此的事情，就會不順利。在我看來，失敗的案例恐怕就是因為涉足不符合自己風格的事，再加上投注過多心力，才造成這樣的結果。

我先前也有提到，不要勉強去改變每個編輯的生理節律與運氣曲線，換言之，只要讓每個編輯在重視自己本然的前提下做出判斷即可。就結果而言，公司得以用良好的形式運作就沒問題。每個人都去活用自己的本然，活用擅長的領域，這麼做也能夠讓公司創造出更多樣性的產品。

無論是什麼書，每年都能出一本即是編輯的特權

只要遵循本然來工作，便很容易獲得結果。也因為有這個觀點的緣故，我們公司設有一個規範，名為「編輯特權」。

書籍的企劃當然要經過公司內部企劃會議評估，且一定要得到總編輯

的同意。然而，倘若一年中出現一本無論如何都想出版的書，就算沒有經過企劃會議評估或沒有總編輯的同意也可以出版，就是這樣的特權。

事實上，二〇一五年發售，熱銷了八十五萬本，還被拍成電影的作品《在咖啡冷掉之前》（川口俊和著），就是其編輯池田琉璃子利用編輯特權所出版的一本書。

這本書發行的四年前，據說她偶然間與朋友一起去看了作者川口先生的戲，當場被感動得痛苦流涕，無論如何都想將這部舞臺劇製作成書、製作成小說。然而，敝社並非在小說領域很厲害的公司。當這個企劃出現在企劃會議上時，被當時的總編輯給否決了。

即便如此，她依舊非常想出版這本書，就使用了編輯特權。不過，雖然她向作者提出了委託，川口先生是舞臺劇的編劇家和導演，並非小說家。在原稿完成之前雙方交涉了好幾次，著實花了三年的時間。

在製作出可以讓人信服的書之前，池田非常堅持。就因為如此被舞臺劇給感動，才希望能讓更多人知道這個故事。

在好不容易完成原稿之際，總編輯已經由黑川精一繼任。對於使用了編輯特權才完成的原稿，黑川也表示同意。

該本書的主題為「遺憾」，好比如果那時有這麼做就好了、如果當時多對那個人說這些話就好了等等，而黑川本身的雙親已經過世超過十年以上，可以說有許多的遺憾。

他曾說過，在讀完原稿之後便回想起了那些事，但另一方面，也稍微覺得被救贖了。他大概是感受到這本書或許會讓許多讀者擁有跟他相同的想法吧。

竟然成為了書店大獎提名作品！

該書的初版賣了七千本。池田的心中除了有只要再刷兩次就好的情緒以外，卻也大吹牛皮表示「想要得到書店大獎」。

所謂的「書店大獎」，意指由書店員工投票決定最優秀新出版小說的獎項。會以「很有趣」、「想推薦給客人」、「想要在自己的店裡販售」等基準進行投票，在與書籍相關的無數獎項中，這也是每年最受矚目，反響也相當大的活動。

此為眾多老字號藝文出版社每年都會激烈競爭的最高權威競賽。以業界人士來看，我猜，或許會有人心想著「門外漢到底在說什麼啊？」而一笑置之吧。

我們並沒有在發行後馬上採取什麼誇張的舉動，不過池田仔細地結合了迷你畫架與迷你黑板，精心製作出宣傳用的促銷道具。每一個都是她親手製作，並將這些道具送到全國的書店。這不只能出色地表現出作品的世界觀，更吸引了人們的好評。於是，火苗便逐漸開始燃燒。

最開始的大動作，是東北地區的書店訂單增加了。黑川因而說想要去東北的書店看看情況，一問之下，才知道黑川想要和池田以及兩名業務、廣告負責人，共計四個人前往。

只是去看看情況卻要四個人，我雖然覺得人數有點多，不過心想他們應該有什麼目的，便欣然地答應了。

以對方的角度來看，這代表四名員工特地從東京過去，或許黑川已經察覺到書店方將會改變應對方式，而事實上也的確如此。訂單更進一步增加了。我從這次的出差中發現，東北地區還沒有從東北大地震所造成的傷痛中痊癒，搞不好這本書的內容正打動了這點。

在那之後，黑川等人還說也想要去廣島。他們似乎是將廣島視為會讓人們對失去的感受產生興趣的地點而選擇了廣島，這果真也是正確的，我們因而收到了大量的訂單。

這本書的情況，**是從偏鄉一點一滴逐漸炙手可熱起來，漸漸地連都市地區也開始熱賣的罕見模式**。

在書本發行數個月後，我也感覺到「這本書應該可行」，便開始加快加印的步調。其引爆點在於該書成為了書店大獎的推薦作品，接著就被拍成電影。雖然我們很可惜與大獎擦身而過，不過也因為是書店大獎的推薦作品，該書得到了書店相當大的重視。

我在本書的一開頭就提到首先要「這麼想」，而池田實踐了這點。如果認為「怎麼可能得到書店大獎」，就不會被推薦了吧。

托了改編成電影的福，《在咖啡冷掉之前》成了熱賣八十五萬本的長期暢銷作，不僅在海外和臺灣也熱賣超過十萬本，更在英國獨占文學類翻譯書最暢銷作品將近半年等等，不斷創造巨大的浪潮。

從小學三年級開始一年讀三百本小說的編輯

《在咖啡冷掉之前》熱賣後，以黑川和池田為中心，公司內部開始舉辦文學書籍的讀書會，徹底去研究小說的標題、種類、書腰還有打廣告的方法。在書店，文學類書籍通常都是按照作者的名字陳列。就好比作者川口俊和先生的名字是「ka」部首，而大家甚至會仔細查出其他名字為「ka」部首的作家有出版過什麼樣的作品。

我先前介紹了手工準備的促銷道具，而黑川曾說過，池田為了賣出這本書所想出來的方式不下百種。總之，能做到的事要全都試著去做，並且完成它。即使只是一樣促銷道具，池田甚至也會考慮到該在什麼時間宅配運送，當地的業務負責人才比較好採取行動等。

我後來才知道，對池田而言，其實小說正是她的本然。雖然她是第一次擔任小說的負責人，不過她原本就是個「瘋狂」的小說愛好者。據說大概從小學三年級開始，她竟然每年都會讀三百本小說，而且時至今日依然沒有改變。

我是偶然遇到她的母親才得知這件事的。聽說她小時候是個一旦開始讀小說，就連話都不會回的孩子。媽媽表示，直到最近她才知道女兒當時是因為**太專注讀書了，才沒有聽到**。

不過，這些事都是在池田將這本書化為形體後才聽說的。於是，我終於察覺到她的本然。雖然至今為止池田已在商業與自我啟發的類型製作了幾本暢銷書，卻沒有如此暢銷的。能夠大賣八十五萬本的暢銷書當然是因為她拚命地努力，不過，我想也正是因為這是她的本然才能夠做到吧。

《說不出是自殺》

有一本於二〇〇二年發行後熱賣超過十萬本的書籍，名為《說不出是自殺》（自殺遺孤編輯委員會、長腿育英會編）。本書的負責人為鈴木七沖，他將接受了「長腿育英會」協助的十三名自殺遺孤大學生與專門學校的學生相關體驗進行編輯，後來他也負責出版《我的人生思考1》與繪本《生命的祭典》等暢銷書和長銷書。日本有很多人在讀了這本書後斷了想要自殺的念頭，決定重新開始，因而造成了相當大的話題。

當這本書問世時，我以相當複雜的心情去關注著這本書的動向。

其實在我小學五年級時，我的二哥自殺身亡了。當時哥哥是大學文學院的學生。

直到前一天為止，看似生活上都沒有任何煩惱的二哥，突然就死去了。由於沒有遺書，也不曾跟朋友商量過就過世，所以不知道自殺的理由。這件事情更加重了家人的痛苦。

縱使是對剛滿十一歲的少年而言，這也是件一回想起來就會讓我想要放聲大叫的事。我也因為此事而受到附近的壞孩子嘲弄所苦。捉弄者過了一段時間就會忘記，但我可沒有。

在哥哥自殺身亡的三年後，我升上國中二年級，被一本書觸動了心弦，至今仍舊難以忘懷。那本書是羅曼・羅蘭（Romain Rolland）的《約翰・克利斯朵夫》，為河出書房新社的綠色封面世界文學全集，分成兩部，總共有三集的大長篇。該書是以貝多芬為原型而寫的「成長小說」（描寫人性成長的教育小說），為描述背負殘酷命運的主角一步一步向前邁進的作品。

其中，就有這樣的一則故事。

日後成為音樂家的主角在貧困的生活中，被師父帶去欣賞歌劇。由於歌劇非常出色，主角對此相當感動。後來作為練習音樂的鼓勵，師父都會帶他去劇院。以下就是敘述那個場面的一段話。

「在觀賞歌劇後的一個禮拜，我有一半是抱持著觀賞後的感動，另一半則是只想著下次要看哪一部歌劇而生活的。」

雖然這已經是超過半個世紀的事情了，直至今日，我仍然記憶猶新。

這究竟是多麼美好的詞句啊。如果用這樣的態度生活，應該可以克服大部分的事情吧。

這段話多麼有代表性，我感受到作家的看法與想法貫穿了整個故事，給予了讀者無限的力量。

在哥哥過世後一直盤踞於我心中的芥蒂彷彿減輕了一般，與此同時，我的內心深處湧現出了「我可以藉此活下去」的想法。這段讀書體驗就是如此鮮明。

再回來談論我剛才提到的書籍《說不出是自殺》。這本書是在我就任社長的那年發行的，而在那個時候，我也如同書的標題一樣，有個「說不出是自殺」的自己存在。我能夠很自然地說出這個故事，是在超過十年以後，也就是我過了六十五歲之後。

我想，或許什麼事情都一樣吧。想要治癒心中的傷痛，需要很長很長的時間。

回到本然的話題，也許我年少時期的經驗在我重考時期要改變升學方向與選擇職業時，都在潛意識下發揮了作用，促使我選擇這些路。

而製作出會使人打起精神、受到鼓勵、療癒心靈的書，可以說是逐漸成為了我自己的本然吧。

二

困難な人生に寄り添える本を

一本能夠扶持困難人生的書

看了超過二萬張讀者回函後重新認知到的事

我們公司出版了很多與生活方式以及人類身心相關的書。在這段過程中，我強烈感受到「**人類是個會煩惱的存在**」。

《腦內革命》是讓我開始真心這麼想的契機。我的習慣是會閱讀每張夾在書本中的讀者回函，也對此非常享受。通常每賣大約二百本書，就會有一張讀者回函。那是一本大賣了四百一十萬本的暢銷書，恐怕光這本書我就看了超過二萬張回函。

《腦內革命》是一本介紹只要能保持心靈平靜並正向思考，便能藉由腦內荷爾蒙變得更健康的書，並包含了數個病例。為此，我收到了許多「讀了這本書之後，自己的煩惱也消失了」、「開始可以正向思考真是太好了」等回函。

在這段過程中，我重新認知到人們其實有各種不同煩惱的事實。只要去觀察路人，會發現大家都很隨意、好像若無其事地走動著，其他人並不會去想這些人其實都有各自不同的煩惱。

在那之前，我也從沒想過這些。然而，在看過大量的讀者回函後，我才知道並非如此。**我很晚才察覺到每個路人，其實都各自有著不同且深切的煩惱**。

即使本人的身心方面都沒有煩惱，也可能會煩惱照護問題、兒子的就業問題等等，煩惱的種子真是數之不盡。這不是我用頭腦思考過才明白，而是我每週、每週都接觸大約三百張的大量讀者回函，才親身感受到的。

同時，我也開始希望出版對這些人而言強烈所需的書籍。我想要繼續出版能給予他們向前邁進的勇氣、能夠扶持困難人生的書籍。

高中生購買《我知道你在想什麼》的意義

二〇一一年所發行的《我知道你在想什麼》（托爾斯登．哈芬納著）一書，原本是以商務人士為主而出的書籍。不過，其銷售量卻遠超過一般的商業書籍。那麼，究竟是什麼年齡層的人在購買呢？

有個相當具代表性的小故事。在某個車站內的書店，曾有三名高中女生一邊站著看這本書一邊談話。此時，有一個人突然說「我要買這本書」。於是，剩下的兩位也拿起了這本書並買了下來。

考慮到她們的零用錢，一千五百日圓的價格絕對不便宜，即便如此，她們還是走向了收銀檯。

我本以為「看穿內心」這個主題會讓商業人士與大人深感興趣，然而實際上，連女高中生也廣受迴響。原先我認為她們是能夠傻笑著過富足生活的世代，不過其實她們也非常在意別人是怎麼看待自己的。

或許她們也曾遇到過即便朋友說了什麼，卻不由得心想究竟是否真是如此的狀況。我再次認知到，**年輕人過得遠比我們想像得還要更辛苦**。還記得我當時的心情極度複雜，沒辦法只單純開心地去想「這本書連年輕人都深受影響」。

そ

ソフト産業はすべて多産多死

軟體產業全部都是多產多死

「許多事物都將死去」便是宿命

書籍也是一樣，音樂、電影與遊戲等亦是如此，對軟體產業、文化影視產業而言更有一種宿命，那便是多產多死*。

生產了許多東西，但其中多半都會死去。別說全部都熱銷了，會熱銷的僅有一小部分。該產業無法逃離這樣的宿命。

反過來說，也正因為會大量地推出各種東西，才能出現熱銷品。不可以想著害怕多產多死就只做一點點產品，並期望出現熱銷，這樣是不會順利的。

要如何管理多產多死中「死」的風險確實很重要，不過，消費者是否能接受又是另一件事。果然，這些產品還是無法從宿命中逃脫。

在軟體產業中最重要的是要有所覺悟，唯有在多產多死的狀況下得出某種程度的成績。

也正因為會多產多死，當遇到可能會暢銷的產品時就要果斷去做。一旦產品上市了，就可以聽到各種聲音，要徹底掌握資訊，並抓住顧客的反應。

如此一來，我們便能察覺到徵兆與變化，使感知這些事物的雷達開始動作。**當掌握到徵兆後，就要積極地採取行動。**如果不這麼做，就無法善用軟體產業的優勢了。

過去所有的暢銷書都是這樣，一旦感受到反響徵兆，我就不會猶豫，積極採取對策。我先前提到我們是業界第一個在電車門邊打橫幅廣告的故事，那就是將稀少的機會最大化的一種方法。

這個世界只有有限的東西會暢銷、會成長。因此，一旦覺得「就是這個！」時，就必須盡可能深入挖掘。別被先例給束縛，大膽地一決勝負，這麼一來，動向也會跟著改變。

正因為靠確實分析掌握了徵兆

假設我們要在報紙上打個五篇篇幅的大廣告。要說每本書都有相同的反響，那可就大錯特錯了。有時候反響的差距並非兩倍、三倍，是會達到

＊此處意指嘗試很多新的商業模式，其中會有大部分是失敗的，只能從中找出得以發展的點子。

五倍、十倍，甚至是一百倍。

敝社的製作部門每個月都會詳細列出包含廣告費等各項收支。一看明細，就會發現有些書硬是投入了廣告費，結果單品項出現虧損的情況。因此，很少會有責任編輯表示「希望這本書能投入更多的廣告」等等。

配合書籍的成長幅度與速度非常重要，這是我們所有人的共識，我希望避免讓幼兒穿上學生制服的情況。

或許我們公司給人一種會不斷打誇張廣告的印象，不過，如此大規模的動作只限於每天的銷售狀況、讀者的反響與有確實掌握預兆的書籍。為了達成這些目的，想當然爾，確實分析是不可或缺的。

出版業不景氣已經很久了，而現在，所有軟體產業都面臨相當嚴峻的狀況。以智慧型手機為首，我們正和各種媒體相互爭奪消費者的時間，甚至開始不容易出現暢銷書了。這並不僅限於出版業，從電視的收視率等也可以明顯看出來。

隨著價值觀變得多樣化，其他能夠享受的事情也增加了。不過即使如此，我們也不能停下腳步。我們只能堅持地追求如何在現況之下好好地做自己的工作。

最重要的是，**我們要創造出至今為止前所未見的嶄新價值**，覺得可行的商品就要大膽去做。在認知到軟體產業的宿命之後，也要去挑戰能放眼世界的殺手級內容。這份力量逐漸衰弱，也是造成出版業蕭條這個惡性循環的一大原因。

ぬ

是擁有出類拔萃優勢的作者嗎？

抜きん出た強みのある著者か？

無論是作者還是編輯，都是靠「優勢」被他人所選擇的

為了製作具有強大能量的書籍，這也是非常重要的一件事——把具有強大能量的作者著作公諸於世。在「Sunmark出版社歌牌」之中，我們用「**是擁有出類拔萃優勢的作者嗎？**」來表現。

對作者而言，著作可說是自己的分身。自己積累的人生就這樣如實表露出來，而著作本來就必須要是如此。

我們時常會收到企業經營者與個人業主來詢問出版企劃。此時，我們都會說：「在談出版企劃之前，在自己的工作崗位上取得出類拔萃且顯著的成果才是最要緊的。沒有這點，企劃便無法成立」。

而我們必須有所覺悟，對我方——也就是編輯而言，這句話也會反彈到自己身上。每個編輯都同樣要有他人所沒有的「出類拔萃的優勢」。

正因如此，我認為作者也必須要選擇編輯。人們常會說「醫生和律師是可以挑選人的那一方」，我希望這句話之中也可以加入編輯。就如同我之前所述，有一百位編輯，就會有一百種不同的書。

因此縱使為相同的企劃，也會出現A編輯提出來，編輯部給予肯定答

覆，但B編輯提出就被否決的狀況。

無論是A還是B，都各自擁有累積而來的經驗與實際成績，其中也必定會存在著「個人風格」。若交出的企劃和由實際成績、優勢所支持的「個人風格」不一致，就會造成「這企劃還真是四不像啊」的情況發生。

如此這般，當想要成為作者時，責任編輯的「個人風格」——更進一步來說即是「出類拔萃的優勢」就非常重要。明明企劃本身很好，卻因為不符合該編輯的「個人風格」，結果也有可能會以失敗告終。因此，必須要會選擇編輯。

畢竟，無論是作者還是編輯，甚至連出版社的命運，都是在「選擇與被選擇」這點上不停抗爭。

し

若沒有女性的支持，銷售數量就無法增加

女性が味方してくれないと、部数は伸びない

在男性編輯之中加入一半左右的「女性」會比較好

我認為書籍會熱賣的其中一項重要條件，絕對就是這一點——**得到女性的支持**。書本能得到女性支持是很重要的。

反過來說，倘若覺得女性可能會成為我們的讀者，該本書就有相當高的潛力。我就有過一個難以忘懷的經驗。

關於在第一章所提過的翻譯書《別再為小事抓狂》，其實當初我是想製作成以男性商務人士為取向的自我啟發書。

沒想到書籍發行後，東京的惠比壽與大井町的有鄰堂銷售格外亮眼。這兩間都是車站大樓內的書店，有非常多女性顧客，同時也是能夠瞭解是否受到女性支持的最具代表性書店。

在得知突然受到女性巨大的反響後，**我發現這是本女性也會讀的書籍，或許會更加受歡迎**。當然，其他的書店也在觀察著這個動向，某間大型書店還向我們表示想要大規模推廣這本書。

結果在發行的當月，該書就賣了五百本，隔月是八百三十本，再隔月則是一千零五十本，書店的數字每個月都在追加。而正如同我先前所述，在發展成那樣之前，我已經半無意識地把「這本書會成為百萬暢銷書」的預言寫在記事本上。

這個現象也出現在《不生病的生活》一書上。《不生病的生活》在跨越了三十萬本這條線後，女性讀者的比例就提高了，甚至還擴展至高中生、國中生等年輕族群。

關於《不生病的生活》一書，在發售初期很顯然都是男性讀者，好比經營者或企業幹部等。不過隨著書籍逐漸熱銷後，女性的比例開始上升，現在女性已經占了整體的四成。而第二集《不生病的生活‧實踐篇》在發行九個月後達到十八萬本，還出現了女性讀者占七成的數據。我再次感受到，掌握熱門暢銷書的關鍵果然還是在女性。

我並不是在奉承女性，不過更進一步來說，我個人本來就覺得女性比男性優秀。**女性是所謂「生產和養育的性別」，對於世間的變化與社會的潮流具有敏感的認知。**此外，女性不是用理性，而是透過感性來掌握各種事物。因此，這種認知方式不是更加能夠駕馭事物的本質嗎？

我們總是在留意書籍到底受女性歡迎到什麼程度。此外，從標題到裝幀，甚至是內文的版面設計，我們也不停在關注這是否為一本會讓女性拿在手上並購買的書。

我常說在男性編輯之中加入一半左右的「女性」會比較好。事實上，熱門出版社內部有很多人都擁有女性的特質。纖細、對他人的體貼、資訊感受度的高低以及口耳宣傳的能力……無論哪一項，都是對編輯而言不可或缺的素質。

反過來說，女性編輯除了女性層面以外，也會留意到男性層面。如此一來，便能夠完成超越自己性別的工作。

ひ

是能夠帶去探病的書嗎？

病人のお見舞いに持っていける本か？

超級暢銷書的五個共通要素

我長年生活在出版的世界裡，而要說到暢銷的方程式，很遺憾地，我確信這並不存在。

另一方面，超級暢銷書都有著共通點也是不爭的事實。我認為大致能分為五點。

其一，是「**書名能使人感到驚奇**」。原因在於，讀者總會追求新的事物、至今為止沒有見過的事物，也就是驚奇。大家並不會想要伸手拿似乎在某處看過的產品。

在某個部分上讓人驚奇，或是從書名感受到「新的價值」並讓讀者接受是很重要的。關於這點，我會在下一章節討論。

其二，是「**療癒身心，與健康有關**」。就如同我先前所寫，多數人都有煩惱，身體也感到很疲憊。

能得到許多讀者反響，好比「被這本書療癒了」、「成功改變體態，再次擁有自信」等等的書籍，其成長空間也很大。果然，能默默解決身心煩惱的書籍需求量是很可觀的。

其三，是「**閱讀這本書會改變讀者本身**」。本來編輯就是因為深信出色的企劃有著社會意義，並鐵定能得到讀者的共鳴才出書的。

然而，儘管是本好書，很多時候讀者也不願意花錢購買。一本你認為內容實在很棒的書，以為讀者能夠藉此改變自己，但大多時候都並非如此。

雖然我好像很了不起似地寫了這些，不過，我也是以此為戒，幾度嘗試過錯誤的題材，沒有記取教訓，不斷反覆，就這樣走到今天。

熱門暢銷書都會有的第四個要素，即是「**就算在鄉下也會熱賣的書**」。

編輯往往都想製作出內容精煉，適合都市的書籍。不過仔細想想，無論是日本還是美國，縱使有很多人聚集在都市，明顯有更多人還是生活在鄉下。

因此，在鄉下的銷售很好一事就具有很重大的意義。最終這本書是否在鄉下也能賣得好呢？去探討這個問題很重要。

接著是其五，也就是之前所提到「**能得到女性支持的書籍**」。男性即便讀了書以後覺得很優秀，大多情況下也只是抱持著「哎呀，真是本好書」的想法就結束了。

不過以女性來說，一旦覺得內容好，就會向他人傳達「這本書真的很棒」，兩者的傳播力完全不一樣。擁有相當於男性數倍傳播力的讀者可是極為寶貴的存在。

以上我列舉了五點，而綜合這些來思考，就可以發現一個關鍵字，即是以下：

「能夠帶去探病的書。」

說到有人住院時能帶去探病的書，其實意外地很難選擇。內容既不能太難，也不能是頁數太多或太重的書，更不能是會使人情緒低落的書。

會讓人打起精神，心情變得積極正面，而且頁數適中。我認為，這才是能帶去探望病人的書籍。

二〇一〇年時我曾擔任東京國際書展的研討會講師一職，談論過有關「能夠帶去探望病人的書」的議題。那時，正好是剛滿九十八歲的詩人——柴田豐女士撰寫的作品《人生別氣餒》開始熱賣之際。

該書發行後數個月便突破銷售二十萬本，我深感這正是可以帶去探病的書籍。於是，我預言「**在今年結束前，這本書應該就會人氣暴漲，成為百萬熱銷書**」。結果沒多久該書就被ＮＨＫ大肆報導並廣受歡迎，隔年年初馬上就成為百萬熱銷書。

雖然預言漂亮地命中了，但那年敝社的業績並不是很好，甚至還被員工責罵：「社長，不要再預言其他公司的書了，請好好做出暢銷書。」真是個辛苦的回憶。

る

累計部数を伸ばすことに命懸け

拚命提升累計銷售本數

思考將一百萬本變成一百一十萬本的價值

我稍早寫到軟體產業是多產多死，且必須不斷推出新的事物；話雖如此，也不是只能靠新產品去創造熱銷品。在我看來，要在嚴酷的生存競爭下存活，增加熱門銷售品累積銷售數量的觀點，其實意外地成為了盲點。

我長年以來留意的事情之一，便是「**拚命提升累積銷售本數**」。我常說，無論是從零開始製作大賣十萬本的書，還是賣了一百萬本的書成長到一百一十萬本，都一樣是十萬本。

當然，要從零開始製作大賣十萬本的書絕非易事。另一方面，想要將賣一百萬本的書提升到一百一十萬本，只要好好下功夫，總會有辦法的。此外，這也會為公司帶來超過十萬本新書的價值。

我也經常說，加印五萬本就相當於新出十本書。不過，加印五萬本的利益是比較高的。

這不僅限於書籍，其他商品也一樣。新的熱銷品確實很重要，但拚命提升已經很暢銷的商品累計銷售數量更為重要。此外，也需思考要投注多少心力在這樣的策略上。

有沒有確實注意到這點，是能否進一步發展暢銷產品的一大關鍵。

等書籍發行後，去仔細地觀察書本在書店或網站上的反應，有時候甚至要每小時檢查一次，徹底去面對數據與發生的現象。要即時觀察現場的反應，讓掌握徵兆與變化的雷達發揮整體作用，並思考透澈。最後，等掌握了熱銷的前兆，就要認真去培育。

ろ

長期暢銷書是企業的至寶

ロングセラーは企業の宝

發售日就算設定好幾次也無妨

對經營出版社而言，最可怕的事情就是退貨了。如果書店的訂單是「買斷」那還沒問題，不過由於通常都是以「寄售」的形式，如果「預估訂單」的數量失準，就會退貨回來。

甚至還有句話說，要殺出版社的社長不需要用刀，只要在社長耳邊不停說「退貨、退貨」就可以了。《你能在不瞭解女性的情況下吃飯嗎》的作者——櫻井秀勳先生就曾教導我一個道理。

「植木先生，所謂退貨，可是會像蛆蟲般湧現的啊。」

對出版相關人士而言，這是非常真實的一句話。實際上，我們不太會收到十年前的書籍訂單，不過十年前的書會以退貨的形式回到出版社。就算我們說不，不准回來，書本還是會回來的。

然而，倘若這是個莫可奈何的現象，那只要改變思想，**去製作就算十年後還是會繼續出版的書就好了**。

簡單來說，即是製作書籍時要注意到長期銷售一事。因為，長期銷售對經營而言也極為重要。只要不斷累積能夠長久賣下去的長期暢銷書，經營就會大為穩定。

事實上，我在就任社長時，甚至還思考過擁有多少本長期銷售的書籍，會決定該企業的生死。我希望社會大眾對我們公司有著會出版長期暢銷書的印象，而我們公司也非常重視這件事。

說到熱門銷售，大家往往只會將目光放在銷售數量上，不過要是沒有長期銷售，完成率（相對於印刷數量的實際銷售率）就不好。縱使印了一百萬本，也有可能會剩下三十萬本等等。

若為長期暢銷書，由於人們會重複閱讀，就不需要擔心此事。Sunmark出版社的百萬暢銷書大多留下了完成率百分之九十五這樣驚人的數字，都是多虧了我們把書本視為「生物」看待，不斷傾聽著書本的氣息採取行動，而且從企劃到販售這一連串的過程，我們也意識到要長期銷售的緣故。

就好比《腦內革命》是一九九五年六月出版的，卻在隔年才人氣暴漲，就這樣連續熱賣超過兩年。此外，《別再為小事抓狂》也是連續兩年都名列日本國內年度暢銷書籍的前十名。

《不生病的生活》同樣花了一年成為百萬銷售書，《美體重塑！模特兒都在偷偷練》也是，以不斷推出新書的減肥書而言，該書很罕見地在發行三年後的現在，依舊擺放在店面裡。

甚至是二〇〇三年發行的《我的人生思考1》，直到現在仍然不斷再刷，被人們所閱讀。

或許我們這種以長期銷售為目標的意圖也傳達給書店和讀者了吧。販售本數當然很重要，不過，我更重視讓書本長期被閱讀。在我說出這些話以後，產業界報紙《新文化》的丸島基和社長如此對我說道。

「植木先生，出版界的人是不是誤解了發售日只有一次這件事呢？如果被電視報導後造成軒然大波，只要將這當成第二次的發售日就好了。又或者是被名人推薦後造成迴響，再當成是第三次發售日，這樣如何？」

這席話讓我當頭棒喝。原來，長期暢銷書的發售日可以設定好幾次。仔細想想，無論發行後過了幾年，對第一次看到該書的讀者來說，那天確實就是發售日，這也沒什麼奇怪的。

就像縱使是在第一次發售日時沒有被注意的書，讀者在第二次發售日時也會想要伸出手拿取一般，每個讀者都會產生變化，再說讀者客群本身就是會循環的。我也認為的確如此，在那之後，我就會留意到第二、第三次發售日，並決定投入超過以往的心力在長期銷售的策略上。

み

強烈祈求實現百萬銷售

ミリオンを強く念じて実現する

「內隱知識」會提高工作的速度與品質

無論是百萬銷售還是熱門暢銷書，都不是靠編輯一個人就能完成的，團隊的力量——也就是支持著編輯的其他部門力量同樣不可或缺。事實上，無論是製作部門還是業務部門之中，都有人參與過敝社共八本百萬銷售書的出版流程。該在什麼時間做什麼事情？各個部門內都有瞭解這些的關鍵人物是很重要的。正因為有所謂的默契和內隱知識，很多時候，在一決勝負的場合下才會成為關鍵。

再者，很令人感謝的是，這個內隱知識似乎對客戶也有影響。以百萬等級的暢銷書來說，有時會一口氣大量再刷十萬本或二十萬本，大多情況下還會加上「緊急」這個詞。

有一次，由於颱風災害的衝擊，以印刷用紙為主的造紙工廠停止營業。如此一來，這對身為紙業公司的客戶來說就是決定生死的問題。所幸，那時紙業公司的負責人事先察覺到要大量再刷的氛圍，透過各種手段從全國籌備紙張，讓書本趕上製作。我也引以為戒，縱使是百萬暢銷書，也是多虧了這些結果不斷累積才成立的，這點絕不可以忘記。相同的情況在印刷廠和裝訂廠也是一樣的。

在當今這個「從現實走向網路」的潮流中，經銷公司與書店都遇到了困境。

即便如此，這種超過十萬本的再刷只要在經銷公司的通路下，幾天之內就可以送到全國，等書店準備好位置後，便能夠開始推廣。這確實是件非常厲害的事情。我們鐵定是在這些幫助之下，才得以累積成果的。

經銷公司與書店之間除了單純數字上的交易以外，也擁有內隱知識的領域，一面追尋著書本反響的程度，讓「**預測下一個階段**」的功能運作。只要有這個功能，工作速度就會一口氣提升，實在不可思議。

基於這些知識，當書本反響引起的波浪出現時，我們便能夠一氣呵成地判斷數字的變化趨勢與該書所處的階段決定加印、準備廣告並告知書店與經銷公司。至於客戶也會運用內隱知識，快速準確地協助將書送達給讀者。我們每天都像這樣一邊親身感受數字與讀者的「熱度」，持續勤勉地採取對策。雖然平凡，不過未來必定會有所成效。

並不存在所謂百萬銷售的「方程式」

除此之外，想要創造百萬暢銷書，還需要命運女神願意對你露出微笑才行。我先前有介紹到超級暢銷書的要素，即使在意識到這些要素的前提下徹底去堅持企劃、原稿與裝幀，創造出讓人覺得「就是這個！」的產品，說到底也不過是必要條件罷了。

要充分達成必要條件，就需要「某種」東西。若沒有這個某種東西，命運女神是不會對你微笑的。

那麼，這個某種東西是什麼呢？直截了當來說，即是「**自己不太瞭解的部分**」。這個不瞭解是相當重要的要素，其中也存在著有趣之處。正因為並不瞭解，人們才會去探討必要條件要做到什麼程度。如此一來，就能稍微接近充分必要的條件了。

更進一步來說，我確信針對那個「某種」東西，我們不能夠表露出一副自己好像很瞭解的樣子。對於即將創造出來的產品，展現出自己很瞭解的模樣就某種意義而言是一種褻瀆。

並沒有一個像是「A×B＝C」的公式，可以說明「只要這麼做就能夠創造出百萬暢銷書」。這是不對的不是嗎？或許是因為這樣違反了天地自然的道理吧。

也許不同的時節和時機也是其中一個原因所在。即使是過去的百萬暢銷書，也有可能早了半年或是晚了半年出版，就沒辦法實現這樣的成果。書本有著所謂要在某個時期上市的運氣存在，這也代表該本書究竟運氣好不好。

雖然我說過並沒有所謂百萬銷售的方程式，不過每本書都是「生物」，有著各自的成長階段。我也經常對員工們說「**要配合該本書的成長階段採取行動**」。

在書本極速成長的時期，必須毫不猶豫地採取行動。要一面衡量時機，不畏懼失敗，果敢地做出判斷。

《腦內革命》一書也是，在達成百萬銷售後，我預計每三到四個月就要各加印一百萬本。這個數量雖然讓人覺得很瘋狂，不過，倘若我沒有這麼做，就無法達成四百一十萬本銷售了吧。

我們有條理地在電視節目和報紙上報導，數次掀起了巨大的浪潮。我根據各個時期去計算書籍的能量，別讓庫存出現不足，才成就了如此了不起的結果。當時身為總編輯的我，能夠有這樣讓我放手一搏的天地實在非常幸福。

多虧了能夠跟業界的先進學習

關於能盡情去做這一點，就我認為，其實相較起來中小型企業會有比較多機會。一旦組織變得過大，就會花時間在申請和呈報上，很可能會錯失良機。

其實在出版《腦內革命》的不久之前，席捲了出版業界的，是突破二百萬本銷售的《沙拉紀念日》，由俵萬智小姐撰寫。

針對這本百萬暢銷書，產業報紙《新文化》以「『沙拉』為何會熱賣!?二百萬銷售的結構」為標題，展開了從一九八八年六月到一九八九年三月，總共二十二回的大型連載。

我第一次看到在一本熱銷書上投入如此多熱情並進行分析的特集連載。該連載十分有趣且資訊量充足，我甚至還把覺得有用處的篇章影印保存了下來。

令人佩服的是，出版方河出書房新社非常認真、開放地公開了暢銷書的背後真相，甚至讓我心想公開到這個程度真的沒問題嗎？女性讀者的比例、贈書給有公信力的人、使用地方報紙進行宣傳的方法等等，我一邊驚訝著竟然明確指示到這個程度，並感嘆地閱讀。

在《腦內革命》出版後大約過了兩個月，當銷售突破十五萬本時，我突然想起了這系列連載。於是，我委託當時才剛進入公司的齊藤龍哉去圖書館將所有的連載影印下來。

我將影本整個讀過一遍，發現這將會有所幫助，必須要分享給公司內部。不過，我也重新思考，當時書籍才剛突破十五萬本，如果我說了要賣二百萬本的事，大家應該會感到很震驚吧。因此，我就暫時將這份資料收進了抽屜裡。

接著又過了大約半年，在《腦內革命》突破六十萬本銷售時，我便將資料交給了業務部，讓全體共享。這些資料在往後突破四百萬本銷售一事上派上了很大的用場。

此外，就如同我先前所述，《美體重塑！模特兒都在偷偷練》一書曾上過節目《中居大師說》。當時，我便去找了出版社的社長朋友商量。該出版社是曾上過節目《中居大師說》造成了相當大的迴響，成為出版過百萬暢銷書的公司，但我想問的是，反響究竟有多少程度。

結果對方完全沒有猶豫，提出了具體的數字並告訴我詳情。多虧於此，我方的各個部門都能夠用更積極的態度為播出當天做準備。我們跨越了公司共享成功經驗，帶起了出版業界的熱潮。協助《新文化》連載的河出書房新社也是如此，我感受到了這份心意的存在。

我認為，受到各個人們**眼睛所看不見的支援也是所謂「女神的微笑」**。

ら

乱調の中に美がある

亂調中也存在著美

預定調和不會產生任何事物

這已經是老生常談了——其實人類的臉並非對稱的，而是左右有很微妙的差異。而這個微妙的不平衡，才凸顯了臉部的魅力與美。

書籍的裝幀與企劃也可謂相同。從再普通不過的事物和預定調和*之中，並不會產生新的事物。這或許跟之前所提到「**下個熱銷品會從稀奇古怪的事物中產生**」的思維是相通的。

這種看法其實可以運用在各種情況上。

對於剛加入我們公司的人，我方會請他們讀完敝社的書籍後提交報告。大學新鮮人要讀一百本，中途轉職者則是五十本，頁數或寫法並沒有特別的限制。

這需要花相當多的時間，也是出乎意料辛苦的作業。不過也正因為這麼做，提交出來的報告才會鮮明地反映出「那個人的個性」。

偶爾會有人寫出每一本書都按照比例分配的報告，甚至讓人覺得是不是連行數都相同。這也不能說是壞事，只是我並不要求這種墨守成規、統一形式的做法。

這並不是大學生的報告，只要以專業或是往後會成為專業的身分，**展現出自己的「優勢」就可以了**。即使因此而「亂調」了，打破預定調和的力量或許也會轉化為非凡的美。我希望能夠領會這些部分。

稍微有點偏離話題了。至今為止我們持續發行心靈類型的書籍，由於這個領域有許多魚目混珠的假貨，必須慎重地選擇對象。這可以說是在考驗探查真品的眼力。

值得感謝的是，這十年來社會對於精神領域的看法有了巨大的改變，將事實作為事實接受的思維也開始盛行。

也有些領域總是被人們議論是科學還是非科學。必須注意的部分在於有許多三十年前被說是「科學」的事物現在已經被判斷為「非科學」的事實，反之也有無數案例。

現在的「科學」定義，必須要轉變為「以現階段看起來是科學」。令

*原為萊布尼茲提出的哲學理論，認為世上的萬物經由神的「預定調和」，存在必然的秩序與關聯，可視為一種既定的命運。後在日本文化中，多用來表示「結果和預期相同」。

人悲傷的是，**無論哪一個時代，「現在的科學」的衡量，很多時候對於被衡量對象而言時間都太短了。**如果因無法靠當今的專業認知而斷定為「非科學」，這才正是非科學的態度吧。

最重要的是，面對事實要以謙虛低頭的姿態。就連物質與意識的關係，也因為量子力學飛躍性的進步，使人們認知改變的壓力迫在眉睫。我希望能貪心地學習最尖端的知識，持續磨練看透真相的雙眼。

第3章

不要用「脖子以上」工作

た

戰鬥吧！編輯們

戦う編集者たれ

作者想寫的書跟讀者想讀的書並不相同

為了製作出高能量、富含能量的書，編輯該怎麼做才好呢？這不僅限於書籍，或許對負責製作產品、商品的製作者而言都一樣，那就是，戰鬥。

我不斷地說著**「戰鬥吧！編輯們」**、**「編輯是一門武術，真品只能從泥地中誕生」**這些話。

無論是企劃、原稿、標題還是書名，我們都會透過戰鬥，以最完美為目標。拚命地將能量注入其中——只要能夠做到這點，就會完成一本出色的書籍。但如果做不到，則會變成一本沒人理睬的書。

雖說是戰鬥，指的並非編輯為了自己的個人主義而戰，而是必須好好思考對讀者而言什麼是真正好的書。

若要我舉個簡單明瞭的例子，往往會說的就是這個了。

「作者想寫的書跟讀者想讀的書並不相同。」

這是很常有的事。所以編輯必須擁有「這就是讀者想要讀的書」的信念，與作者奮戰。說到底，即是站在讀者方的立場去製作書籍，並跟作者一起完成。

能夠成為候補作者的人自然是在該領域最優秀的人，或是有一技之長的人，並且擁有豐富的內涵。然而，要說到這些人是否一定有寫書的能力，那可不然。倒不如說，一般人都不會去思考讀者期望書本是什麼樣的內容，以及方向性為何。

即便書籍的內容很優秀，很多時候我們依舊會忽略讀者如何認知以及讀者究竟需要這些內容中的哪個部分。當然還是會有人想到這些，不過非常少。我們很難去理解要撰寫怎樣的內容，才會傳達給讀者。

因此，編輯必須承擔這個責任。

如果有好的內容，就能彌補寫作能力

關於小說跟虛構文學等文藝作品，企劃的方向性先暫且不論，基本上原稿本身會完全倚仗作者的寫作能力。然而，在其他許多類別中，如果作者能提供對讀者而言價值很高的內容，那即使這個人沒有足夠的寫作能力也沒問題。

倒不如說，也有不少情況是以取材為基礎，委託以寫書為專業的職業書籍寫手來撰寫，最終原稿超乎作家本人想像，比作家所撰寫的還要符合其本人的風格。原因在於，編輯和職業寫手會知道怎麼寫才能夠傳達給讀者。

就好比百萬暢銷書——養老孟司先生的《傻瓜的圍牆》就曾明確表示過是在得到寫手的協助後，透過取材製作而成的書籍。這可以說是在排除難題後，作者想法得以順利展現的絕佳案例。

所謂製作書籍，是從零開始創造的一項工作。儘管如此，若製作方對作者說「一切都交給你了」，那麼很遺憾，這就不是從零開始創造了。

尤其是商業書籍、自我啟發書、實用書等等，我先前所提到「**透過閱讀會使讀者本身有所改變**」的這點非常重要。因此，絕對不可以忘記讀者究竟會如何去理解的這個觀點。

與作者一起完成一本書，讀者因此有所收穫，這就是這份工作的有趣之處。問題是該如何去製作出由編輯主導、出版社主導的書籍。

如此一來，有時便會與作者發生衝突。或許這和作者想要撰寫的書有點不同，此處就要去探討該如何不退讓地貫徹讀者的觀點。

在取材的過程中，可能無法避免出現我方認為「那不是讀者想要聽的故事」的情況。這代表我們正面對決，追求讀者真正要求的內容。

當然這是我想要避免的，不過，我也抱持著最終會決裂的覺悟。身為專業人士，不得不讓作者確實妥協，但也不是沒可能出現最後沒能談妥而不出書的選項。

你有覺悟能夠面對這一切嗎？若沒有這樣的心思，我認為是無法動搖作者的。

無法忍受讓裝幀設計師用三百分之一的方式工作

此外，我也經常說這句話。

「我無法忍受讓裝幀設計師用三百分之一的方式工作。」

受歡迎的裝幀設計師一年會接到三百本左右的裝幀委託，因人而異，也有人是一年五百本左右。編輯也是在知道此事的前提下進行委託，但對於編輯灌注全身精力的企劃，我不能接受讓裝幀設計師用「三百分之一」的態度去工作。

因此，當遇到決定性企劃時，我在好幾個月前就會跟裝幀設計師表示

「希望對方能夠全神貫注地製作」。

不過即便是裝幀，也是會發生爭執的。設計師是專業人士，會擁有個人的強烈想法，且他們多半是具有獨到意見的人，因此有時會在此產生激烈的衝突。面對知名的裝幀設計師，你有辦法回嘴「這個不對」嗎？是否能夠要求對方「請再提出一個方案」呢？

雖然都被稱為裝幀，也分成讓編輯留下強烈印象，以及沒那麼深刻的案例。狀況有很多種，不得不根據不同的書籍改變要求方式。此外，設計是很難用言語或邏輯去說明的。

讀者用零點五秒就可以分辨裝幀。正因為是訴諸感性的部分，倘若用生硬、邏輯的方式委託，事情也不會順利進展。包含所謂的非語言交流，我們只能拚命地去傳達「希望對方這麼做」。

雖然很少見，不過我們也曾遇過無論如何都無法與當初預定的裝幀設計師談妥，結果更換成其他人的狀況。我們必須奮戰到這種程度才行。

當然，由於這麼做會給裝幀設計師造成麻煩，這並不是一件值得誇讚的事情。然而，「敢於不放棄」的強烈意念是不可或缺的。若說得圓滑一點，或許這句話意指「**要好好奮戰一場**」吧。

に

人間は「首から上」より「首から下」

比起「脖子以上」，人類不如用「脖子以下」

「下雨的日子，颳風的日子，訪問的好天氣」

用腦子工作確實也很重要，然而你必須知道，倘若只用腦工作，事情是不會進展順利的。事實上，有很多人不瞭解這一點，導致人生過得並不順遂。

因此我常說，**比起「脖子以上」，人類不如用「脖子以下」**。意指不要用脖子以上的大腦工作，而是用脖子以下來工作。用你的腳、手、肝、心臟、膽量與行動力。

最不可以做的，就是靠公司的招牌工作。利用公司的知名度與規模作為靠山，算計要激發出對方的認同感來工作——這就是典型的「脖子以上」工作例子。靠這種方式是不會有成果的。

我之前也有提及，在我進入Sunmark出版社的前身公司時，作為出版社，這間公司是沒有知名度的，也沒有任何公司的招牌，要說服作者讓我們為他出書實在很費力。我也有說過，當時連一通電話或一封信我們都很小心注意。不過，我也因此充分地受到磨練。畢竟，我沒有辦法靠公司的招牌工作。

櫻井秀勳先生曾告訴我一句講談社創業者——野間清志先生的名言。

「下雨的日子，颳風的日子，訪問的好天氣。」

這句話意指編輯或業務員會不畏風雨去訪問作者與書店，而我認為的確就是如此。無論是誰，都不想在颳風下雨的日子出門拜訪。不過，以作者和書店的角度來看，又會怎麼解讀呢？下雨的日子不厭煩全身濕答答還特地前來，或許會讓人覺得十分感謝吧。

這果然巧妙地戳中了人類的心理。這已經是句超過半個世紀以前的名言了，然而，不管經過多少歲月，人類的心理都不會改變。

雖然曾被說「不想由暢銷出版社出書」

在用「脖子以下」的工作中，有一本讓我至今依舊印象深刻的書，即是一九九八年發行，作者為坂村真民先生的《只要祈禱就會開花》。那是Sunmark出版社第一次出版詩集。

坂村先生被稱為國民詩人。他的詩詞極為平易近人，寓意卻非常深奧。其書名《只要祈禱就會開花》也是一首知名的詩，《因為人生不能重來》同樣是廣為人知的作品。坂村先生是少數在日本全國各地都立有詩碑的詩人。

其自選詩集是其他出版社發行的，我在某個機緣之下拜讀了那本書，因而產生興趣，便訂購了坂村先生其他的詩集和隨筆，結果全部讀完了。

即便如此我的內心依舊無法平息，為了想讓周遭的人都認識這部作品，我便買了許多坂村先生的自選詩集並開始分送。幾乎同個時期，編輯齊藤隆哉跟我說對方有部很優秀的ＤＶＤ作品名為《詩魂的起源》。

於是，我和他之間便有了以下的對話。

「雖然好作品確實很多，卻沒有一本真正有權威地位的書籍呢。」

在那之前我完全沒有想過要做坂村先生的書，不過因為是好作品，我也將著作分享給周遭的人們，因此變成了「那麼，就由我們來做吧」的狀況。

接著我詢問坂村先生的意願，沒想到卻被大聲喝斥。

「我才不想由你們這種打著大廣告去賣大量書籍的暢銷出版社出我的書！」

對坂村先生而言，Sunmark 出版社似乎有著這種印象。當時我說了聲

「實在非常抱歉」後馬上就告退了，不過，我們不會這麼簡單就放棄。這果真就是堅持用「脖子以下」來工作吧。

我不知道究竟寫了多少封信，而齊藤直接去坂村先生那邊拜訪了無數次。就這樣前後花了兩年，我們不斷傳達心意給坂村先生。在這段過程中，坂村先生本人終於回信了。

坂村先生用字跡秀麗的毛筆信，寫上許諾的話語。「我也想要將這些訊息傳達給肩負下一個時代的年輕人，就讓我們一起做吧」。還記得當時，我與齊藤一起高興地手舞足蹈。

據說坂村先生經常看高中棒球。可能是因為如此，想要將自己的詩推廣給年輕人的想法才開始變得強烈起來。希望年輕人也擁有「只要祈禱就會開花」的想法——於是，我們得到了坂村先生的許可。

在選定詩時，我們集結了包含其所有著作，至今總共約一萬篇的作品全集。我們將這些收集到一個紙箱中，送到當時我偶爾會去的信州山田牧場內的一座山莊。因為我認為，這不是可以在鄰近都市吵雜的事務所內進行的工作。

之後我跟齊藤兩人在那個山莊住了三天三夜，除了吃飯跟睡覺的時間以外，都在讀坂村先生的詩中渡過，甚至連作夢都會夢到詩。

於是，我們完成了《只要祈禱就會開花》、《因為人生不能重來》、《宇宙的目光》這三部詩集。距離發行已經過了二十年以上，到現在詩集還是每年都會再刷，整個系列銷售超過十五萬本，成為了詩集史無前例的長期暢銷作品。

あ

壓倒性的「量」會轉化成「質」

圧倒的な「量」が「質」へと転化する

只是站在公司前就知道業績

至今我很榮幸和許多具有強烈能量的作者一同工作，並從中感受到一件事——**壓倒性的「量」會轉化成「質」**。

見多識廣的作者，是真的會將量轉化為質。只要有過數量懸殊的體驗，就能夠看見肉眼無法看見的事物——我有這樣的印象。

正如我之前所述，船井幸雄老師以經營顧問的身分看過無數的公司，而他曾說過以下這句話。

「植木先生，光只是站在那間公司前面，就算沒有進去裡面，我也可以知道它們業績的好壞喔。」

一開始我覺得這是件非常驚人的事，不過下個瞬間我就想，如果我曾實際指導過數以萬計間公司，我應該也會變成這樣，便莫名地接受了。

《不生病的生活》作者新谷弘實先生是大腸專家，也是內視鏡手術的世界權威。至今為止新谷先生看過數萬人的腸子，而他也曾對著我清楚地說過。

「植木先生，光只是站在那個人面前，就算沒有把內視鏡放入他的身

體，我也可以知道他的腸胃狀態。」

這句話同樣讓我震驚不已。或許有人會覺得不可能，不過我從新谷先生的表情感覺不到虛假。果然，若以萬為單位認真地接觸對象，確實能將量轉化為質。只要經歷過壓倒性的數量，就能看到肉眼所看不見的事物。而優秀的作者，就蘊含著這樣的能量。

因此我心想，就算只有一點點，我們也必須去接近這份能量。當然，我們無法馬上做到以「萬為單位」，不過，要堅持壓倒性的數量，如此一來，就能一步一步地接近作者的能量。即使搞錯了，也不能輕率、隨意地採取行動。

在堅持這點後付諸行動的代表性作品，即是後來成為百萬暢銷書的稻盛和夫先生的《生存之道》。從第一次跟稻盛先生接觸到發行為止，這本書花費了七年的歲月。而企劃、編輯這本書籍的人，正是製作坂村真民先生詩集的齊藤龍哉。

在對方允諾出版前，先融會貫通大量的新聞通訊

他在大學畢業後就進入Sunmark出版社，似乎辛苦了好幾年。據說在製作出暢銷書之前，有段時間他會一邊看著鏡子中的自己，彷彿自言自語般反覆說著「我絕對能做出暢銷書」、「我絕對能做出暢銷書」。

在後來的公司說明會上聽到他向學生們分享這個故事後，我才知道他也曾這麼辛苦。這樣的他，負責製作後來成為百萬暢銷書的《生存之道》。

事實上，在獲得稻盛先生允諾之前，曾有件我們思考過後並採取行動的事。那就是把讀完稻盛先生的所有著作視為理所當然，除此之外也要追求壓倒性的「量」。

稻盛先生是全國經營者會集結而來的補習班「盛和塾」的負責人，當時有超過四千名以上的經營者加入。盛和塾的新聞通訊有將近七十本，如果加上其他的著作，大約有一整個紙箱的量。

在推敲書籍企劃時，齊藤將自己關在旅館內，花了好幾天將這整箱資料全部通讀完畢。接著，他腦中有了該製作成哪種書的想法，並開始研究該請稻盛先生用什麼文體撰寫，連條目都想好了。

當時是稻盛先生本人都還不瞭解企劃本身的階段。儘管如此，我們還是付出了相當的成本與能量，採取行動。

一般人可能會想是否有被對方拒絕的風險，不過即便被拒絕了，閱讀過其所有的新聞通訊，徹底學習稻盛先生的思想一事，**在將來鐵定除了負責編輯以外，對公司也會是個很大的加分。**

對優秀的人來說，企劃書即使只有一頁也能理解

另一方面，我心中確信，稻盛先生一定會理解的。我們不只是拜讀了他所有的著作，還通讀了盛和塾全部的新聞通訊。對厲害的人來說，只要一頁企劃書就能理解。畢竟，他們能看見肉眼所不可見的事物。

結果，我們不久後就得到了對方表示「來做吧」的回覆。過去稻盛先生的著作相較之下多半是偏經營類的內容，抑或某個領域的專門書。

於是，我提議既然要讓我們來做，我希望做出能夠讓許多人閱讀，可以成為代表作的書籍，在獲得理解之後，我們便竭盡整個公司的全力開始製作。

幸運的是，在發行後花了十年的長久歲月，該書終於得到了百萬暢銷的結果。包含盛和塾的學生在內，多虧了許多人的幫忙我們才能做到，**而我們不惜花費時間與精力，「非常認真」地去面對製作書籍一事**或許也占了很重要的因素。

完成《生存之道》後，稻盛先生打從心裡感到高興。當對方直說這本書已成為自己的代表作時，我真的十分開心。而讓人難以置信的是，稻盛先生竟然詢問我是否願意讓他招待一餐。

他是代表日本的經營者，而我只是有幸製作書籍的出版社社長而已。我這樣的人竟然受到稻盛先生的邀請，一起用餐，全日本有幾個能得到這種機會的人呢？我真是十分幸運。

我非常緊張。看著這樣的我，稻盛先生率先詢問我。

「植木先生，你喝酒嗎？」

我嚇了一跳，回答：「是的，我並不討厭喝酒。」

結果對方浮起笑容，如此說道。

「是嗎？那真是太好了！」

稻盛先生將右手伸向我的玻璃杯，左手放在我的肩膀上，幫我倒酒。

那位稻盛先生竟然這麼做，而且還極其自然。人們常說經營者會成為讓他人喜歡上的人，我至今依然強烈記得那感覺，原來就是這麼一回事啊。

這是個非常寶貴的體驗，我親自感受到眼前這位偉大經營者的厲害之處。

す

砂浜に砂金が隠れている

沙灘裡藏著沙金

《生命的祭典》，難以置信的偶然

雖然我現在的原則是不受理，不過以前我們出版社一整年會有六百件左右的企劃或原稿送上門來。這些都是由數名年輕編輯輪流去閱覽的。

那時我總是會說「**沙灘裡藏著沙金**」。因為這些幾乎都是單方面寄送過來的，確實有許多難以處理的原稿，然而，其中也可能藏有可以稱之為「沙金」的大作。

事實上，我們曾因為錯失了這類作品，結果被其他的公司出版而大為熱賣。我們不能大意，必須探討該如何儘早察覺到沙灘中閃閃發光的沙金。

這並不僅限於送上門來的原稿，在各種情況下，都有遇見「沙金」的機會。

譬如於二〇〇四年發行，熱賣超過二十四萬本的超級暢銷兼長銷繪本《生命的祭典》，原本是作者草場一壽先生在佐賀縣自費出版的書籍。那是一本「立體繪本」，平安座資尚先生用親切的繪畫告訴了我們，要讓一個孩子誕生在世界上，必須要有無數祖先超過好幾個世代的連結——即是深切的緣分。

同樣住在佐賀縣的朋友湊巧將這本自費出版的書送到我這邊。自費出版的書跟送上門的原稿一樣，很少會達到商業出版的等級，不過這本書不同。該書透過親切的繪畫與平易近人的文章簡單地傳達出深奧的真理，實在非常出色。

之後，我便對鈴木七沖說了此事，因為他是個很喜歡這種書籍的編輯。沒想到就在一個星期前，一名他認識的漫畫家表示「這本書絕對很適合你」，然後也把書送來了。

在同一時間，書本透過兩種不同的途徑送到一間小公司裡的兩個人手中。我心想**這就是老天要我「出版」的旨意**，而鈴木也馬上就察覺到「這是本對小朋友們有益的書」。

在我們決定發行後，這本書大受歡迎。而且該書不只成了小學道德課程的課外讀物，還完整刊登在教科書上，時至今日依舊長青熱賣。

有很多人雖然不起眼，卻正在為了世人、為了他人採取行動。德蕾莎修女是世界知名的人物，而我認為，**這個世界上有無數個小德蕾莎修女存在**。因此，經常打開接收情報的天線是很重要的。

此外，即使是現在並非如此的人，日後也有可能會產生巨大的價值。

編輯必須去探討是否有察覺到這一鱗半爪。

其實我自己有時也會不安，心想我是否沒有察覺到「沙金」正從我指尖溜走呢。

ゆ

有名人、はじめはみんな無名人

所有的名人一開始都是默默無名的

第一本書就成為暢銷書的理由為何？

「所有的名人一開始都是默默無名的」——我相當中意這句話。即使是名人，也並非一開始就是名人。他們原本默默無名，是因為有某種契機或原因，才成為名人的。

此處意外地是個盲點。我們似乎會認為長期活躍的人本來就是名人，非常不可思議。

或許有人會想，如果名字或品牌會決定書的銷路，那麼果然還是請名人寫書比較有利，不過，在我看來並非一定如此。

我曾說過「**書本是能量**」。像那種有數本著作的名人，書本的能量也會分散。再者，如果同樣的內容不斷出現，便無法避免地變得陳腐。如此一來，即使以「能量論」來看，反而也可能是不利的。

本來，要發行新書，就必須「**創造新的價值**」才行。假設是以能提供多少價值來定勝負，那麼，沒有人可以勝過擁有龐大能量、能夠提供至今為止不曾出現過的價值觀的「無名小卒」了吧。

假使從無到有並將之最大化是我們的工作，那麼，沒有什麼比挖掘有力量的「無名小卒」以創造出新的價值，並將其拓展至全國、全世界還要更厲害的工作了，這不是令人感到十分雀躍嗎？

這不僅限於「書籍」的範疇，只要用「**將內容的價值最大化**」的思維，過去沒有過的有趣嘗試就會變成可能，或許，出版業的現況也會改變。

在小說的世界裡，一直以來人們都說第一本作品裡集結了那位作家的一切。這也並非僅止於小說，在商業書籍或自我啟發書籍的領域中也是一樣的。伴隨著嶄新風潮的真實能量會席捲社會，大受歡迎。

那是因為，該作者一直以來所累積的能量會透過第一本著作一口氣爆發。「第一本」當中，寄宿著能量。

百萬銷售的光與影

與「所有的名人一開始都是默默無名的」這句話並列，我也經常會說「**有名無力，無名有力**」。

即使有名氣也不一定就有影響力，縱使過去曾經有影響力，倘若安於現狀，不久後就會變得無能為力。換句話說，即使對方是著名的老師，只要是對取材者與傾聽者而言無法接受的事情，你就應該毫無顧慮、盡情地詢問。

另一方面，這個世界既寬廣又多樣。這並非「沙灘裡藏著沙金」，不過無名的人之中，也有人具有相當了不起的力量。能夠和這種人結下多深的緣分，有時會決定你的人生。這個道理不僅是針對編輯而已。

總而言之，認為有名無名和力量有無沒有太大的關係會比較好。

職稱、頭銜或是大學名稱、企業名稱也是一樣的，將其視為自己的目標與身分的人就會緊緊抓住這些，變得不想要再努力提升自己。他們是最終極的「招牌人」，也會毫無理由地自以為了不起。

即使從無名變得有名，也要去想「**有名氣本身並沒有價值**」，能否每天有所精進更為重要。

在第一章的〈過去皆為善〉小節當中，我曾提及「好事真的是好，而壞事又真的是壞嗎？」的內容，這個思維不停地在我腦中盤旋。

人們常說「樂透中了幾億的人，多半都會變得不幸」，或許寫出暢銷書變得有名的作家也適用於這點。這樣的危機，也會悄悄地接近百萬暢銷作家。

身為暢銷書及百萬暢銷書作家輩出的出版社代表，說這些話可能免不了被指責為「不合宜」，不過我是因為有過許多經驗，才能這樣斷定。

其實，我一直以來九十分鐘的演講費都是三萬日圓，不過，有時也有可能跳到二十倍、三十倍。而令人疑惑的是，我不會心想「我不需要這麼多」，而是會貪心地想要「更多、更多」。

不管去哪裡，周圍的人都會聚集起來要求簽名，還會被吹捧。不知不覺開始亂花錢，對他人的態度也變得傲慢無禮。驕傲會加速讓人殞落，應該說，一般人鐵定會變得不正常。

本來就一直在高大的舞臺上活躍的人，就算出版了百萬暢銷書也會不為所動。然而，從無名急遽晉升到有名舞臺的人如果沒有相當注意舉止，抱持著謙虛且感謝的心想著要「為了世人、為了他人」，必定會有「惡化之路」在前方等著。

「**成功也是一種試煉**」……這是稻盛和夫先生曾說過的話。我因為工作的關係，接觸到名言金句的機會很多，而關於成功與失敗，我沒有聽過比這還要更深奧的一句話。或許，成功就是最大的試煉吧？

在這個小節，我試著結合第一本著作成為暢銷作品的光明面，以及百萬暢銷作家跌了一大跤後殞落的黑暗面來思考。「山高谷深」、「禍福相倚」、「塞翁失馬，焉知非福」。好幾句諺語就這樣在我的腦海中浮現，然後又消失。

わ

簡單易懂才是真理

わかりやすさこそ真理

一流的人會把困難的事說得很簡單

我們製作書籍的其中一個方針，便是「容易理解的程度」。這是非常重要的，而真理就潛藏在這個容易理解的程度之中。

換句話說，「**真理即是平假名***」。

或許有人會認為比起簡單易懂，寫得很困難費解才看似比較聰明，不過，這件事並不對吧？

我平常總會將這句話掛在嘴邊。

「一流的人會把困難的事說得很簡單，二流的人則會把困難的事說得困難，至於三流的人，會把簡單的事說得很困難。」

這並不僅限於演講或是論文等，在語言的藝術——也就是詩的世界，也是一樣的。

事實上，真正優秀的詩是平易近人卻深奧的。其內容簡單易懂，不過要說因為簡單所以粗淺，可完全沒有這回事。有些世界，是既平易近人又深奧的。先前我所提及的坂村真民先生的詩集《只要祈禱就會開花》中，就有以〈桃樹開花〉為題的數行詩。

疾病
向我們展示了
另一個世界

桃樹
花開

這首是我非常喜歡的詩。此作品非常優秀，體現了如何「簡單去表達深奧的事」。

簡單去傳達深奧的事本身並不容易，因此必須在表現上下功夫，選擇詞彙，有時還得努力去解開複雜的道理來傳達給他人。雖然讀起來平易近人，內容卻很深奧——我想以這樣的書為目標。

＊一般以平假名書寫的內容較為淺顯易懂且不艱澀，相對地，漢字或片假名則代表專業術語或外來語，比較不好懂。此處意指真理就如同平假名，讓人容易理解。

《日經新聞》的《我的履歷》是非常受歡迎的連載，我想應該也有不少人閱讀。其連載是從月初開始到月底結束的循環，而連載內容有時很有趣，有時卻並非如此。

我已經領會到只看一回，就能夠知道當月連載有不有趣的訣竅。要說到那訣竅是什麼，便是漢字的多寡。

漢字很多就表示專有名詞很多。若用「自己是哪個地方的誰的小孩，家人是……」等這種充滿專有名詞的開頭，大多都判斷為不行會比較妥當。比起人物的出身或頭銜這種「外在」，讀者比較關心「內在」，從亮眼的故事切入會比較有趣，也更容易理解。

我直到現在依舊記得，已故的圍棋名譽棋聖——藤澤秀行先生的《我的履歷》第一回實在讓我非常衝擊。

「我不知道我有幾位兄弟姊妹。」

內容是從這話題開始的。藤澤先生老實地表示，由於父親有數位情婦，自己也是情婦的小孩，所以不知道自己有幾位兄弟姊妹。

據說其本人嗜酒、愛賭博且和女性的關係顛覆常理，被稱為「最後的無賴派」，不過在指導後輩方面是不遺餘力的。這並非漢字的世界，而是平假名、片假名的世界。容易理解卻又深奧，最重要的，是單純且有趣。

實際上，我不只是一口氣讀完整篇連載，印象中我還把整個月分的連載都影印並保存下來。換句話說，這篇連載是從暴露自己的負面形象開始的。這與想要去談困難的內容，或是想讓自己看起來偉大剛好相反。

另一方面，有一本正好是半世紀以前所發行的書，即是梅棹忠夫先生的百萬暢銷作品《智慧生產的技術》。這乍看之下似乎是本主題很困難的書，不過只要打開書頁，就會發現平假名很多。最重要的是，我還記得自己強烈地感受到作者想傳達給讀者資訊的信念。**正是這份簡單以及容易理解的程度，才讓我感到厲害。**

果然，「真理即是平假名」。

な

這是本想要闡述什麼的書呢？

何がいいたい本なのか

製作書籍是件需態度明確且不斷深入挖掘的作業

製作書籍時，有件不能忘記的事情。

那就是，製作書籍是一件深入挖掘某個特定領域或作者擅長領域的作業。就像用錐子打洞一樣，要不斷去挖掘某一個領域。

雜誌通常會分為專業雜誌與一般雜誌，而若用顏色來比喻，一般雜誌中有紅、有黃、有黑也無所謂，雜誌就是要多彩。

然而，假使是書籍，就必須要明確定義「或許顏色會有紅、黃、黑，不過這是一本關於藍色的故事」、「這是本只傳達藍色的書」。主張鮮明，**「由於這本闡述的是有關於藍色，所以不會提及黃色」**的切入點非常重要。

要深入去挖掘一件事——就某種程度來說，即是挖掘狹義的領域。如果能夠順利這麼做，就可以確實地將能量注入書本中，並傳達色彩給讀者。

只要實際去觀察過去的暢銷書，就會發現把書名鎖定在會讓人訝異的點上且表達方式特定的書就會賣得很好，就好比《完全自殺手冊》。老實說，我曾想過這種內容能出版成書嗎？Sunmark 出版社是出不了這種書的。然而，即使反應兩極，該書依舊非常暢銷。將一點突破做到這個地步的偏執狂手段，最終達成了暢銷的結果，最近的《大便鑽頭》等書或許也是個很好的例子。

《鶴為何能單腳睡覺呢？》一書也是，書中並非只寫了鶴的部分，而是針對所有動物來寫，卻以最象徵性的訊息作為標題，打到了因此覺得有趣的讀者。

《漫畫　叫賣竹竿的小販為什麼不會倒？》亦然，雖是一本市場學的書籍，卻將叫賣竹竿的小販當作一個象徵，這種把作者論點凝聚在一點上的結構取得了成功。這也是個靠書名成功的案例，該案例確實判別出了書本的守備範圍，像用錐子在上面鑿洞一般。反過來說，只要是可以做到這一點的作者，其撰寫出來的書就很有可能是有趣的。

對於單行本，我們會用盡全力去明確呈現出「究竟想要闡述什麼」，以及能否讓讀者抱持著共鳴或是感動去接受。

「一個訊息」，就會決定成敗。

も

盛りだくさんは売れない

內容太豐富並不會熱賣

只要能夠劃出一處重點就行了

一本書需要一定的厚度。想要製作一本書就必須得有相應的資訊量，這也是事實。不過，倘若因此放入太豐富的多方資訊，就不會賣得好。

為了傳達訊息給讀者，大家往往會陷入那個也得說、這個也得說的情況。我們不必那麼做，說得極端一點，只要去想讀了一本書以後能劃出一處重點就好了。

聽到我如此闡述，或許想要寫一本新書的人會感到有點無力吧。不過就我來看，我確實曾有過看了一本書之後，心想光是書中有這麼一行就覺得很好了的經驗。只是這樣的程度，就能夠得到滿足。

原來如此，這個觀點沒怎麼聽過，可以成為一個很好的參考，我明天就試試看——如果書中有這樣的內容，就會讓人想要劃重點。只要有一個想劃起來的地方就好了。就某種意義上來說，書本就是這樣的存在。

這也是在**徹底琢磨應該表達的內容**。深入，並加強。這是個和作者本身或是與編輯的共同作業，穩固這點非常重要。

讀者會想要接觸至今為止沒有看過、沒有聽過的事情，並在無意識之中不停地尋找驚奇。

然而，並不是嶄新就好。就算胡亂地以新奇的方向為目標，沒有深度的內容一瞬間就會被讀者看穿。倒不如說，我們會確實地區分出改變也無妨與不能改變的部分。我們也會挑戰新事物，卻意外地常被說只會做主流的內容。

換句話說，即是不易流行*。我認為這是製作產品時一項不可或缺的概念。確實地掌握本質中最重要的部分，並以此為前提接受當時的風潮，接受那個時代的風氣、氛圍。我想，讀者所追求的就是這些。

*此為松尾芭蕉所寫的俳句，意指在本質不會變化的事物中反覆添加新的變化。

お

書名是否會讓人產生「驚奇」呢？

「驚き」を生むタイトルになっているか

兩年都在家工作的編輯

我先前有介紹過「**超級暢銷書的五個共通要素**」，其中第一點，便是「書名是否會讓人產生驚奇」。

以書的狀況來說，書名自然極為重要，畢竟讀者是從書名開始看。如果書名沒有驚奇或嶄新之處，讓人有所發現，讀者就很難伸手拿取了。

因此，創造書名是編輯非常重要的工作，做最終決定時也必須果斷。我在成為社長後雖然好一段時間沒有出席企劃會議，但關於書名，我長年以來都是最終裁決者。話雖如此，最近五年我開始將書名委託給各總編輯負責。

而說到為何我不再出席會議，是因為我認為編輯果然還是不想被社長干涉。畢竟我也曾是編輯，我很清楚。所以，還是將決定權轉交出去比較好。

在書本企劃的階段，通常都不會正式決定書名。在企劃進行的過程中，編輯們才會絞盡腦汁，而即便在決定好書名後，我們也依然會有各種煩惱。

講到書名，就有一個讓我難忘的故事，即是二〇〇三年發行，熱賣超過六十七萬本的暢銷兼長銷書《我的人生思考1》。該書的責任編輯是鈴木七沖。

其實他在出版這本書以前，妻子罹患了重病。他帶著才三歲的孩子在醫院奔波，最後變成在自己家中看護的狀態。我聽到這件事情後，馬上提出讓他在家工作的提議，而他也接受了。

在家工作的將近兩年，他盡全力看護，只是非常遺憾，他的妻子還是過世了。不過在這段時間，他似乎覺得自己已經做了所有能夠做的事。

作為一間公司，當員工有困難時讓員工在家工作是理所當然的，但他似乎對想要回報公司些什麼有著強烈的意願。

或許這一點也是一個間接原因吧。在出乎意料的地方出現了意外的邂逅，才能誕生出這本書。

業務部臉色大變，反對變更書名

該書的作者詹姆士・艾倫（James Allen）在一百多年前寫了這本書，

在母國英國以外的國家都免著作權。該書就算整本翻譯也不會是太厚的分量，不過在那之前，日本國內只出版過短篇的摘譯而已。

據說鈴木湊巧被當時在茨城縣從事翻譯工作的坂本貢一先生邀請到家中用餐，天南地北地聊天。就在鈴木要回家之際，坂本先生說了。「鈴木先生，其實我一直想著總有一天要負責著手這本書的完整翻譯版。」

接著，對方就將約二十張的A4原稿交給鈴木。鈴木讀了之後，隔天馬上把這件事情告訴我，我當場就下達了許可。那是在我成為社長後隔年的事了。

我認為這是辛苦的鈴木為了公司才帶來的企劃，實在讓人感激不盡。

要去珍惜這類緣分與預兆。

隨著書籍開始製作，我們數次討論了書名，內定使用《我的人生思考1》這個與書籍內容相符的名字，業務部的評價也非常好。

只是在那之後，我心中出現了迷惘。我心想，若考慮到女性讀者，這個書名會不會稍微有點死板呢？詳細情況我已經忘記了，不過在與鈴木先生討論後，我們本想改為像《……的成功法則》這種現在看來很老套的市場行銷式書名。

當時封面的設計也已經從最初的版本開始修正，沒想到當我在業務會議上表示「想要改變書名」時，業務部全員都氣得臉色大變。

他們表示「不可以改變書名，如果不是用《我的人生思考1》來當書名我們會很困擾」。過去從來沒有發生過這樣的事，對於這般來勢洶洶，我跟鈴木都嚇到了。我們被業務部人員的氣勢給壓倒，當場就下指示停止改變封面，保持原樣，我想這狀況也不必我多說了。在經過了這般原委後，這本書公諸於世，踏上多達十七年的長期暢銷之路。

重新看過這本書的封面後我才發現，果然，從業務方面來看，《我的人生思考1》也是個「會讓人產生驚奇的書名」。

ふ

プラスのベクトルで考えろ

用正面向量來思考吧

負面書名的書會賣不好

說到該如何掌握事物時，我很重視「**別用負面，而是用正面向量**＊**來思考**」。此外，這一點也能實踐在製作書籍上。

就好比書的書名，負面向量或是帶有負面性的書名就不太會受到讀者的青睞，也就賣得不好。

其實，我就曾遇過這樣的事。二〇〇九年發行的《提高體溫變健康》（齋藤真嗣著）是熱賣超過七十萬本的暢銷書，不過負責該書書名的責任編輯高橋朋宏也曾煩惱過「體溫降低就會生病」的這個提案。

當時高橋很苦惱。由於書本的主要目標是女性，作為嘗試，所有幹部就把書名提案帶回家，問問看妻子。

《提高體溫變健康》與《體溫降低就會生病》，前者得到壓倒性的支持，後者則完全不受好評。大家都表示不會買寫著「會生病」的書。在主婦們的幫助之下，書名就決定為前者，這本書最終也大為熱賣。

我在第一章也有提到，除了書名以外，用正面思考去看待事物是非常重要的。縱使是相同的體驗，也有會記住許多快樂的人，以及只會記住許多痛苦的人。

當然，為了往後的經驗，記住痛苦的觀點也很重要，但我認為，盡可能遺忘過去痛苦的事，努力保留許多快樂的回憶來過生活，這樣才會邁向好的人生不是嗎？

當在猶豫要不要做時，**要選擇積極地邁出那一步，這樣才能正面思考**。比起沒做而感到後悔，還是做了才後悔會比較好，這就是我的思考方式。雖然無法做出正確的計算，不過我想，這麼做才夠能促成充實的人生。

有句話說AI（人工智慧）會搶走八成人類的工作，如果用正面向量來思考，只要誕生新的事物，鐵定也會誕生新的職業。此外，這是至今未止人類所沒有經歷過的，能夠活在充滿變化的有趣時代，這實在很幸運。

所有事物都可以用不同的角度來看。我至今還記得我曾經讀過內藤國雄先生的九段將棋故事，內藤先生從小就被稱為早熟的天才，卻也曾在重

＊向量心理學（Vector Psychology）用物理學的向量（vector）概念分析人類的情緒起伏波動，正面情緒可視為正面向量（Positive Vector），負面情緒為負面向量（Negative Vector），一天中所有向量的總和代表當天的情緒總量。

要的對弈中落敗。據說，他的母親對著意志消沉的他如是說道：

「就因為你輸了才產生獲勝的人，這不是很好嗎？」

人生都是正反兩面的。根據不同的觀點，反面也可能成為正面。

よ

夜明け前にタイトル案はやってくる

書名提案會在黎明前造訪

只是改變書名，就能成為百萬暢銷書

就如同我先前所述，書名多半會掌握書的生死，因此編輯肩負的使命便是以最好的書名為目標，不斷思考。我自己也一樣，就好比《腦內革命》一書，在開始取材後，我花了將近半年時間一直在思考書名。

上班時間自然不必說，就連假日在河邊散步或是在家發呆時，我也會無意識地在大腦的某個角落裡不停思考。一旦出現感覺不錯的書名提案，我就會在編輯會議上聽取其他編輯的意見，並重新琢磨。在這樣反覆無數次以後，我終於定案了。

很多時候我免不了在桌子前思考這也不行、那也不行，尤其是對該企劃期待很高時，我就無法屈就於「這樣就好了」的書名提案。無論是在搭乘電車時、讀書時還是泡澡時，我都一直在思考書名，**簡直就像維持著用潛意識也在思考的狀態**。

也忘了是花兩週、一個月還是超過了，我一直不斷思考著，**就在某個早晨黎明之際，書名提案突然浮現在枕邊**，並告訴著我要緊緊抓住它。我必須集中、不斷思考到這個程度才行。

最重要的是能在潛意識下思考到什麼程度。如果不將自己逼迫至此徹底思考，就無法思考出真正優秀的書名。

關於書名究竟有多麼重要，其實有一個很有趣的故事。在韓國的暢銷出版社中，有一間名為BOOK21的出版社。這間公司的社長一年會來日本好幾次，買幾十本日本的書回去研究。

在我去韓國跟那位社長見面並聊到有關書名的主張後，對方對我說：「植木先生，的確如此，就是這樣沒錯。」書名究竟有多麼重要，對方也曾經歷過。

據說對方曾出版過某本翻譯書。該書原文的標題為《YOU Excellent!》，簡單來說即是你很棒的意思，結果翻譯書卻用與原標題完全不同的書名在韓國出版了。其原文書的內容很優秀，社長也非常喜歡，不過很遺憾，該書完全賣不出去。

這位社長厲害之處在於他並沒有因此放棄，而是果斷讓已經發售的書絕版，用完全不一樣的書名再次上市。而這個書名，就是——

《鯨魚只要被捧也會開始跳舞》。

對方竟然想出如此出乎意料的書名，我眼前浮現了鯨魚站著跳舞的畫面。這既是有「驚奇」的書名，也是有正面能量的書名。

而讓我感到驚訝的是，這本書竟然在韓國成為百萬暢銷書。原本完全賣不出去的書只是改變了書名，就變成百萬暢銷書。

這是個書名究竟有多麼重要的其中一個案例。不過更為重要的是，這位社長被原文書的內容給吸引，認為「這本書不可能會賣不好」並不斷燃燒熱情。**創造者的靈魂，會將不可能化為可能。**

と

とことんやり切れば、天は見放さない

只要堅持到底，老天爺是不會放棄你的

「達成目標的意志強度」即是一切

已故的知名職業棒球選手兼總教練野村克也先生在高中時代曾是實力較弱隊伍的選手，以練習生的身分進入南海鷹隊。由於其父親早逝，野村先生的家境貧困，背負著家人與家鄉京丹後市的期待於一身，成為職業球員。

不過，或許是因為野村先生在當時每年都爭奪冠軍戰的南海鷹隊中很少有機會出場，第一年以無安打的成績告終。當在季末收到戰力外通告*的時候，據說他曾表示「如果在這裡被開除我就活不下去了。要是真的變成這樣，我就去跳南海電車自殺。」

被這麼一說，也不可能斷然開除他了。而在說出這段讓人無法置信的話以後，野村先生便在往後幾年間大為活躍，我想，應該不是只有我對此感受到人類氣魄的萌芽吧？

我時常被問到「在用人的時候最重視什麼」，如果要我硬選出一個回答，我認為「**達成目標的意志強度**」是重要的。具備這個條件的人即便挑戰困難也不會感到痛苦，自己決定的事情就會堅持到底。假使能夠一直

「堅持到底」，老天也會願意站在你這邊的，這點無論是編輯還是職業棒球選手都一樣。

有些事能夠透過教育或培訓教給人類，也有並非如此的事，「達成目標的意志強度」似乎就屬於後者。因此該說這是被先天條件所決定的嗎？這項資質是透過幼年時期到至多十幾歲為止的環境來學習的。比起一帆風順，我更重視「克服困難的經驗」，或許是因為我對這樣的背景會本能地啟動雷達吧。

態度「堅持到底」的人當然可以把這項特質發揮在學業上，不過大多時候他們都是在其他的場合下與其他目標邂逅，**並在二十歲以前拿出成果**。

關於測試達成目標的意志強度這一點，我覺得技能考試就相當合理。為了展現自己的技藝，必須要集中精神、排除誘惑，對那件事物專心致志並堅持到底，嚴以律己，還要擁有得以堅持下去的毅力。**能夠做到這些的人，大多情況下就算致力於其他事情也可以取得卓越的成果。**

我們擁有許多優秀的人才，有幸出版不少熱銷作品。「人才即是一

＊日本職棒的術語，意指該名選手已經不在球隊未來的戰力規劃之內。

切」，只要去觀察每個人，就會發現許多人都具有一技之長，或是多才多藝。

有人在高中時代以團長身分率領合唱團得到全國優勝，在大學時代加入高爾夫社團時的成績為差點五＊，成為社會人士後也持續練劍道晉升六段，甚至還以公司內部樂團的身分活動，製作出許多原創曲等等，不勝枚舉。

不知何故，在大約五十名員工之中，有十六人隸屬於馬拉松俱樂部，跑完全馬的共有十二人，完成鐵人三項的也有兩人。我將此視為達成目標意志強度相當高的團體證明，並抱持著期待，正向面對。

＊高爾夫球術語，用來衡量業餘高爾夫球手的技術水準。數值愈大代表球手的能力愈低。

り

道理永遠會背叛你

理屈はいつも裏切られる

人們不會因為道理購買，而是因為喜歡而買

任誰都是如此，在思考事情時，通常我們都會以幾項事實為基礎建立條理。而在累積這些經驗的過程中，這個條理有時會變成「道理」。當然，若按照道理來思考，就會如字面上一般合乎情理，也容易使人接受。然而另一方面，道理並非一切，我們也必須經常將這點記在腦中。

即便追究道理到極致，也很難得到正確答案。**如果不連「沒有答案」這個道理一併理解，就無法創造出真正優秀的事物。**

若抱持著百分之百講道理就可以理解些什麼的態度，就創造不出特別的事物——這是我的想法。

日本經營合理化協會的牟田學先生曾如此對我說，說到學校教育，都是用正確與否來互相競爭優劣。只要能判斷正確與否，就能得到好的成績，換句話說，即是能去好的學校。

然而，出了社會又如何呢？我們不會因為正不正確這種理由而去買車或是買領巾，是因為喜歡才買的。我們會被喜歡這等感性觸發而購買，因此製作方與賣方必須理解這份感性。

學校會針對有答案的問題來測試回答能力，**不過在這個社會上無論有沒有答案，我們都會被考驗提出問題的能力，抑或因為沒有答案的問題一次一次摔倒後去克服苦痛的能力。**

簡單來說，社會的結構完全不講道理。就算學校的成績很好，也不代表感性部分很優秀。這與講理的世界完全不同，我們必須認清這個用感性決勝負的世界。

為此，人們得去看、去聽最優秀的事物，並藉由這些受到磨練。

另一方面，徹底靠理論進攻、意圖探究某件事物精髓的路也是不可或缺的。然而，若單純這麼做，道理就會背叛你。也要去探討感性，這兩者都是必要的。**無論是車、圍巾還是書籍，使人說出「喜歡」都是條長遠又險峻的路。**

く

繰り返し自分の土俵に立ち戻れ

反覆回到自己的主場

率先將對方拉入自己的主場

身為製作方，這是一定要重視的道理。這也跟「本然」有所關聯，在重要的場合上，我們要回到自己的主場。如果不這麼做，很多時候就會慘遭滑鐵盧。

這個道理也不僅限於製作書籍上，而是個能應用在人生各種局面上的智慧。

雖然不是工作的話題，不過，我也曾經歷過這樣的事。我有一個兒子，畢業於某私立大學的法學院政治系，在入學考試時，只有醫學院與法學院有面試機會。

我這個父親完全不會對青春期的兒子說這說那的，但唯有那個時候，我給了兒子建議。

「正因為是政治系，才不要跟專業教授談起政治的話題。」

我只是告訴兒子，**更重要的是去思考該如何將面試官拉到自己的主場**。

兒子還是小學生時很擅長跳繩，曾在市立大賽和縣大賽上得到優勝，而這個紀錄超過六年都沒有被打破。我要兒子在面試時說這個故事。

還有一點，他在高中時曾經到牛津留學兩週左右。他告訴我，當時他在留學生聚集的地方用鋼琴彈奏YOSHIKI作曲的《Forever Love》，得到眾人的喝采。我也要他講這個故事。

兒子在面試時說了這兩個故事後，漂亮地將面試官教授拉到自己的主場，最終合格了。而我一問才知道，據說當時一起面試的高中生在面試時聊到政治的話題，當場就被教授批得體無完膚，哭了出來。

多虧於此，兒子表示「父親偶爾也會說出好話嘛」，我也因此挽回了平常的壞名聲。

在那之後兒子進入法科大學院*，以司法考試合格為目標。兒子的實力甚至會被他人說幾乎考一次就能合格，沒想到竟然落榜了兩次。當時嚴格規定考試最多只能考三次，因此我們父母也很焦慮。結果兒子幸運地在第三次考上，我便告訴他：

「我也曾重考兩年，不過，就現在來看這是個很棒的經驗。只要成為律師，就會有許多痛苦的人成為你的客戶。你痛苦的體驗會在此派上用場，就想成這是上天的恩惠吧。」

或許我是因為兒子考上了才這麼說，然而，這是我的真心話。據說兒子現在也把律師當成是自己的主場，正拚命努力著。

*日本大學中為培養律師而設立的三年制學院，屬於研究生層級的法律教育，以就業為導向。

第 4 章

讓所有人都能製作暢銷書的制度

け

經營首先是為了員工與其家人

経営はまず社員とその家族のため

員工是在做人情給公司

就如同我之前所述，Sunmark出版社有八本百萬暢銷書，我以編輯身分經手的，只有我擔任總編輯時期的《腦內革命》與其續作《新腦內革命》這兩本而已。剩下的六本，都是所有員工努力製作出來的。

如此這般，我認為我自己微不足道，是整間公司一同成長，才得以創造出超級暢銷書。為此，我希望在這個章節闡述我身為經營者做了些什麼。

這點或許會讓人有些意外。首先，作為經營者最重要的並非成為能夠不斷生產暢銷書的公司。我們該做的不是這些，**而是回報員工，以能夠支持員工的公司為目標。**

我自己從前一份工作轉職後，便從所謂的「小職員」開始工作，幸運地成為總編，後來又當上董事，最後成為社長。我從年輕時就不曾想過要成為高階經營者，畢竟我本是個會毫不顧慮對上司說出自己想講的話的人，成為社長只能說是命運對我的惡作劇。或許是因為有過這樣的職涯經歷，我才會不斷思考該為員工做些什麼才會讓員工感到高興。

事實上，一旦開始在公司上班後，我們大部分的時間都會用來工作。

就好比即便不是公司提供的個人手機，也大約有七到八成都是用在工作上的。員工每天過的，就是以此事例為象徵的工作導向生活。

反過來說，**當在私生活中發生什麼狀況時，讓員工把大部分的人生比重放在工作以外的事情上也無妨。沒有這樣的思維才很奇怪吧？**我一直是這麼想的。譬如家人生病需要長期看護，或是自己生病的情況。

我之前提到曾讓員工連續兩年在家工作的事。平常員工都將七到八成的比重用在公司或工作上了，當社員遇到困難時經營者卻不曉得這些，那自然是不能被原諒的。

換句話說，**我認為員工花了七到八成的生活在「做人情」給公司**。另一方面，公司則是欠了一份「人情」。所以在取得平衡的這層意義上，一旦員工或是其家人發生了什麼狀況，公司當然必須全力支援。我長年以來都覺得這個思維模式非常重要。

因此，要盡可能柔軟地去因應不同的狀況。我希望我們是一間以此為優勢之一的公司。

我這可不是在說漂亮話。事實上，要說為了看護而需要在家工作，或是因為孩子年幼，想要更彈性的工作時間卻得不到結果，那可完全沒有這回事。倒不如說，能夠安心工作，才會得出豐碩的成果。

到頭來，倘若所有成員沒有竭盡全力地展望未來，就不會產生成果。要如何做到這種氣量呢？我想這就是身為社長的一項重要工作吧。

書賣超過三萬本，就給定價的百分之一作為獎勵

為什麼我會開始這樣想呢？原本Sunmark出版社這間公司從前社長枻川惠一的時代開始，就是一間經常想著要回報職員的公司。以員工的立場看來，這實在很讓人開心。因此我更深入踏出一步，開始思考公司理想的方式。

舉例來說，這是從以前就有的傳統，敝社設有所謂的「企劃獎」。而說到這是什麼，即是若書籍實際銷售超過三萬本，就會給企劃者定價百分之一的獎金。這不僅限於編輯，就算是其他部門的人，企劃者都會有這個令人開心的獎勵。

假使賣超過十萬本，其百分之一的一半會給個人，另一半則會存起來作為所有員工使用的資金。

倘若書籍大為暢銷，以企劃者而言，這就會是相當大規模的獎勵。我自己還在當編輯時就曾得到許多獎勵，如今我正在回饋。

此外，若業績與利潤兩者都達到年度目標，所有加入公司超過三年以上的員工會以「達成獎」的名目得到特別獎賞。雖是根據公司的營業額而定，不過當大幅度達成目標時，甚至會出現有些令人訝異的獎金數額。在數年前，公司內部就曾經有過許多得到一千萬日圓的員工。

回饋員工是基本，這是我們過去就有的習俗，且承襲至今。我也有不少新的嘗試，首先第一個，或許就是帶所有員工去體驗在法蘭克福舉行的全世界最大規模書展。

我在成為社長之前，從一九九八年開始就曾數次去過這個書展。其會場是過去東京國際書展的兩倍左右，超過十棟，規模之大讓我大吃一驚。在幾天的過程中，我心中萌發了與全世界出版相關人士之間不可思議的團結感。

據說二〇一九年時也有來自一百零四個國家，共七千四百五十間出版社參展。全世界不同人種與語言的人們都聚集於此，雖說是個買賣著作權的場合，不過，大家都是很直接地互相表達熱情。人們會熱烈地談論著買與賣，大家都是深愛製作書籍的人。這是多麼使人感到心情愉悅、情緒高漲呢？而到了黃昏的娛樂時間，大家就會單手拿著紅酒，開始商談。

全公司員工都參加法蘭克福書展

過去我一直只在日本這個國家、在Sunmark出版社這間公司中看著自己的工作，不過我發現，**無論是沙烏地阿拉伯、印度還是墨西哥，全世界的編輯都拚命地面對製作書籍這個工作**。

此外，縱使語言沒有充分相通，奇妙的是，我們所想的內容彷彿就像波動一般會自然地傳達給對方。這實在令人驚訝。**因某種共同「願望」而連結起來的人們是跨越了國境的存在**，這種喜悅扣動了我的心弦。

從會場帶回來的翻譯企劃能獲得多少成功？這件事情確實也很重要，然而，當下使胸口為之一熱的願望「核心」，應該對往後的自己而言更為重要吧？我有這樣的預感。

再者，各國出版社的攤位與展示的書籍都非常出色。有花費巨資的大型攤位，也有在日本前所未見的豪華精裝百科全書。

光只逛攤位就獲益良多，還讓人感到愉快、興奮。此外，各個出版社都明確地公開自己公司的使命，這點也讓我受到了刺激。如果要說明我們的使命，會用什麼話語來呈現呢？我第一次這樣自問自答。我感受到能將製作書籍當成職業實在是太好了，因此即便當時我完全沒想過會當上社長，就已經想帶所有的員工來這個地方了。

不只是編輯，還包含了在地的業務員工與所有物流員工。大家想必會覺得很感動吧，在實際到達一個地方之前，你不會曉得那地方有多美好。

當然，要去法蘭克福需要花費大量的金錢。不過我就想做這樣的事，也想努力成為能做到這種事的公司。

而在我成為社長後，我實現了這個願望。即便五十名左右的員工沒辦法一次都去，我依然花了數年依序讓員工前往法蘭克福。畢竟難得去到歐洲，我們沒有直接從法蘭克福回日本，而是在巴黎停留，我們的行程除了羅浮宮美術館以外，還去了紅磨坊「見習」。我希望大家去接受在日本無法體會的各種刺激。

其實我也明白，由於順道去了巴黎，在稅務上很難判斷是單純的公司業務還是單純的觀光，所以經費只能用一半。儘管如此，我還是想要全額由公司負擔。

除了著作權與翻譯書的工作人員外，我們也有編輯去了二、三次，還有一年是所有編輯一起去。**因為，我想培養他們將工作擴展至歐美、至全世界是理所當然的感受。**

如果能豐富員工的人生

由於在二〇一六年首度達成百萬暢銷，隔年二〇一七年，我們便進行了海外研修。在義大利、西班牙、夏威夷、美國西岸這四個地方的行程中，大家自己選擇有興趣的地點，所有員工分開前往。這是個考察當地書店等等的研修。

其實，《美體重塑！模特兒都在偷偷練》的責任編輯蓮見當時去了西班牙，在回國後，他所提出的報告中就指出了以下內容。

「西班牙的實用書籍幾乎都是用一種顏色，兩種顏色非常少見，沒有四種顏色的。或許套用在日本的實用書籍上會大賣。」

令人驚訝的是，這份報告中的「預言」成為了現實。在過了數年後，我們很幸運地發售了《美體重塑！模特兒都在偷偷練》的西文版本，沒過多久竟然在西班牙成為了亞馬遜排行榜第一名。或許這件事聽起來太過順利，不過，這可不是我捏造的。

然而，我完全不認為進行了海外研修就必須馬上拿出這樣的成果，**我只期望員工盡可能去體驗「非日常」**。這不僅限於製作書籍，想必也會豐富每個員工的人生。從長遠來看，我認為這對製作書籍也是有幫助的。

我也會聽到表示出版業不景氣，因為要花經費而不去海外出差，以及海外取材實在毫無道理可言的聲浪，不過，我反而會逆向思考。畢竟我們的工作是從無到有，每個員工都必須要有豐富的經驗。正因為如此，才能創造些什麼。

實際上，我也遇到過各種偶然。有許多讓人驚訝的緣分突然間造訪，因而孕育出工作的成果，我想，這都是多虧了這些緣分不斷起了作用吧。

必須要去播種，並在各個場合下實行。或許萌芽是在數年以後，也可能根本不會萌芽。不過，即便如此也無所謂，我不認為這是損失。

播種之後就不要執著，要連自己有播種這件事本身都遺忘。只要確實做好自己能夠做到的事，剩下的就交給老天。自己的力量與外力——這兩者都要去賭。倘若能以這樣的思維去思考出版這一份工作，應該就能完成些令人感到十分有趣的成果吧。

は

張り詰めていたら糸は切れるよ

神經太過緊繃可是會繃斷的

達成年度目標，就讓所有員工休假一個月

我先前也有提到，一旦達成年度目標，我會給予全員工達成獎，除此之外，還有一個我會給員工的獎品。這點讓許多公司都相當震驚，那就是，我會讓所有員工輪流休假一個月。

這也是我在成為社長之前就有的制度。如果一直神經緊繃，神經可是會繃斷的。如此一來不僅員工辛苦，公司在這樣的狀態下也會很困擾。就這層意義上來說，我覺得這是一個很好的制度。

此外，每位員工似乎都會充分活用自己的個性來度過這一個月的休假。這是很久之前的事情了，我們公司曾連續四年達成年度目標，當時有位員工每年都會住在倫敦的寄宿家庭一個月，一面在當地的語言學校就讀，花了四年學會英文。

再者，我們也有一位女性編輯在某位曾出版過百萬暢銷書的編輯成立的創投公司中，無償工作了一個月；還有去國外跑馬拉松的員工。

當然，這一個月要每天睡午覺也無妨。要拚命讀書、要寫作、去參加活動、往生兒育女階段邁進、與家人相處等等，要做什麼都沒關係。

員工不用一次休完一個月，也可以分成數次休假。根據部門與職位的不同，也有不少人是分次休完的。

還有使我感到敬佩的年輕編輯曾花一個月去四國巡禮。他揹著睡袋，走了將近一千公里的山路，幾乎完成了整段路程。而他也發現，來巡禮的人都是工作退休的人或學生。

他也曾因為在山中半夜被蚊子叮咬，實在睡不著，就又揹著睡袋繼續走下去。這實在是個非常難得的體驗，同時，他的心情也變得非常幸福。

花了整整一個月的天數沉浸在大量的「非日常」中。正因為藉此看見了和過去截然不同的景色，才會成為自己的財產吧。只是很遺憾地，他後來因為個人因素離職了。

讓員工休假一個月沒問題嗎？或許有人會這麼覺得，不過，縱使年輕職員不在公司一個月，公司也不會倒閉。只要是經營者，大家應該都知道這個事實才對。

既然如此，還不如讓員工擁有超群的體驗比較好。你能想像得到一個月的假期，會帶給員工多少力量嗎？我並不是對此有所期待，不過，我認為這鐵定會對企劃等能力是加分的。我希望我們是一間跳脫「例行公事」，能夠容許自由的公司。

其實在Sunmark出版社，除了編輯以外，所有員工都能提出企劃，也曾因此而誕生過暢銷書。

二〇一二年發行的《一日一餐的健康奇蹟》（南雲吉則著）一書，是負責財務的常務董事盛岡誠治提出企劃後，再由編輯部的新井一哉負責，最後成為熱賣超過五十萬本的暢銷書。作為非編輯所提出的企劃，此案例可說是十分令人吃驚地達成五十萬暢銷。這或許是其他出版社難以想像的事吧。

真要說的話，至今為止盛岡都以會計與財務負責人的身分，在公司背後默默努力奉獻。身為公司危機的無名英雄，他發揮了很重要的作用。我相信，這本書的暢銷是上天給予他偉大無形貢獻的獎勵。

さ

產假是理所當然的公司

産休があたりまえの会社

即使要養兒育女與看護家人也能放心工作的公司

成為即使女性要生育，也能安心工作的公司——這是我很早就宣布過的事。理由很簡單，我認為優秀的女性員工是否能好好發揮力量，會決定公司的未來。其背景在於我的妻子縱使結婚後也在幼稚園從事教育的工作，還曾克服過流產、長男出生跟養育孩子。

先前我曾說過「公司欠了員工『人情』」，針對這個問題，我深切感受到**「整個社會都對一邊工作一邊養育孩子或照顧家人的女性欠有『人情』」**。

因此，為了因應員工的期望，我統整了工作規範，盡可能讓兼顧生兒育女的工作更加順利。

我就來介紹工作規範與各種規章的變更吧。

（Sunmark出版社工作規範、規章變更）

二〇〇七年一月一日修訂

- 退休年齡：由六十歲↓變更為六十五歲。
- 新設兒童的看護假：一年五天（直至小孩升上小學三年級的三月底

為止，可以以半天為單位休假）。

●育兒津貼：從一萬日圓↓改為每生產一名小孩十萬日圓。

●新設慶祝回歸職場獎金：育嬰假結束若回到職場，六個月後給予十萬日圓。

●育嬰假：從至小孩一歲六個月為止↓改為至小孩三歲為止為限度，每半年一單位。

●因育兒縮短工作時間：從上午十點至下午五點的實際勤務六小時↓改為上午九點至下午五點（其中休息一小時）間，至少工作四小時。期間從明確判定懷孕後到小孩升上小學三年級的三月底為止。

●因育兒的彈性工作時間制↓改為明確判定懷孕後到小孩升上小學三年級的三月底為止的期間，核心時間為上午十一點至下午四點。

二〇一五年一月一日修訂

●兒童看護或學校活動假：每年八天。因看護或學校活動請假的情況，適用到小孩升上小學六年級的三月底為止。

二〇一七年一月一日改訂

●看護、病假：第一年一百二十天（任職一年以上的正式員工）。因照顧需要看護的家人亦或是本人罹患疾病時，可以取得一個月以上的休假。以四月一日為基準，任職一年以上的正式員工第一年給予一百二十天假期。隔年開始會從剩餘的有薪假中，將無效天數加進看護與病假之中。給付天數的限度為三百六十天。

制度可以因應小孩的學校活動嗎？

許多公司都有生育或是產假、育嬰的相關制度。而我留意的點在於，要聽取女性員工的心聲，並制定對女性而言真正有需要的制度。

譬如兒童看護或是校園活動的假期，我們的女性員工一年能得到八天的假。其實學校活動意外地多，好比校園參觀日或家長會等，每當有活動就要員工請有薪假的話，我也感到很抱歉。因此，我才制定了休假制度。

當孩子有學校活動時，父母都會很傷腦筋。我本來就覺得，若上司對於因此要請假而表現不快，這樣的公司才很奇怪吧。

其實敝社有對在五樓工作的夫妻員工。由於他們有兩個讀小學的孩子，當其中一方要出差或是出席非上班時間的活動時，兩人之間出現「那這次就由我休假吧」的對話是很正常的。他們也曾帶小孩到公司上班。我想要成為能自然而然做到這種事的公司。

此外，關於往後會逐漸增加的看護與病假，只要任職一年以上的員工所有人都能請。據說瑞穗金融集團的制度是全日本最先進的，而我還想要做到更多，因此除了設定一百二十天這種史無前例的長假外，剩下的有薪假天數還能再加進去。

幾乎全日本的國民都必須背負看護的問題。這是社會的問題，更極端一點來說，這是全世界先進國家不可避免的課題。身為公共存在的企業，不應該把這點強加在個人身上。

另一方面，我此處所說的一切也都是**因為業績好、收益高才能做到的。企業唯有具備這兩大支柱，才能向前邁進**。為了實現這樣的制度必須要有高收益，而保持這點，是經營者的職責。

每年與全體員工面談兩次

倘若希望心中有著宏偉到能夠代表「吹牛大會」的構想，那麼無論是身處何種立場的人，每天的工作都是在累積瑣碎的業務。在這般職場的日常中，應該很少會有情況需要特地花時間和社長面談的。

另一方面，很多情況下比起諮詢，傳達瑣碎但在意的問題，或是稍微交換一下資訊會更好。基於這樣的理想，我每年都會和所有員工面談兩次，每次約半小時到一小時不等。這慣例應該已經持續超過十年以上了吧。

雖說是因為員工只有五十名左右才能做到，不過除此之外，重要的事件我也會留意要盡可能直接找負責人談話。若非如此便無法傳達微妙的語感差別，造成誤判。

在持續這樣面談的過程中，我也有著獲益良多的感慨。

藉由作者出乎意料的故事得知作者注入了多少能量到新書之中，以及透過書店現場直率的心聲被勸誡不要過度期待等等。

當然，對於長時間沒有得出成果的員工以及對團隊貢獻有問題的員工，我也會忠言逆耳地指正，改正他們的態度，**不過很多時候，也是員工們讓我察覺到自己因為無知而忽略的部分**。

曾有一名短暫以顧問身分照顧過我的人對我說過，「所謂公司，就是問題的集合體」。當時我反覆回顧這句話，發覺到只能自己正面地一個一個去解決問題。

領導者通常會是最掌握整體狀況的人——這是大眾一直以來的主張，但其實並非如此。**反而是立場處於組織最下層的員工，才是比誰都還要掌握整體的人**。我也是透過面談，才實際感受到這一點。

せ

世界で2000万人に読まれる本を作ろう

來製作會讓全世界二千萬人都閱讀的書吧

從完全不瞭解的海外工作開始

或許大家會覺得光達成百萬暢銷就已經很辛苦了，竟然還想要做出會讓全世界二千萬人閱讀的書，實在是癡心妄想。即使如此，我從成為社長那年開始，就已經持續這麼說將近二十年了。是早在以近藤小姐的書為首將日本的印刷品推行到全世界前，還要久之前的事。

二千萬人是很驚人的數字，不過，定下這個誇張的數字是有契機的。契機在於我知道了一個知名的故事。

據說某次，松下幸之助先生在面對約三百位經營者的演講上，說了這樣的話。他說，想要使經營穩定，在經營上就必須有所餘裕。為此，只要像水壩一樣事先確實地儲存好利潤，在必要的時候如水壩洩洪般將利潤放出來即可——就是這樣的水壩經營故事。

聽了這段話後，其中一位經營者問了這樣的問題：如果做得到，就不用這麼辛苦了。我們一直、一直都很辛苦度日，到底該如何才能做到水壩經營呢？

於是，幸之助先生如此回答。

「其實我也不知道該如何做到呀，但是，也只能這樣子想了吧。」

聽了這般回應，三百名聽眾都不禁笑了出來。這可以說根本稱不上是答案，不過，在那之中有一個人的背後竄過了電流，那就是稻盛和夫先生。

「要先從思考開始。最重要的是如水壩般儲蓄。」

稻盛先生察覺到了此事。而我，便在書上讀到了這句話。

於是我下定決心，務必要學習這樣的態度。

「來製作會讓全世界二千萬人都閱讀的書。」

這或許是個毫無道理的遠大夢想，然而，「動機就是一切的開始」。

在一九九七年，我們開始把目光放在海外。那年是我第一次去法蘭克福國際書展視察，老實說，當時我對海外的出版事業完全不瞭解。若翻譯書編輯部的武田伊智朗沒有事先預約好，根本就沒辦法開會，而我竟然連此事都不曉得就去了，在當地完全不知所措。

不過在隔年之後，我們就能夠每年都參加法蘭克福國際書展了。

在全世界賣一千二百萬本的《怦然心動的人生整理魔法》

說到日本出版社與海外的關係，多半都是收購以歐美為主的海外書版權後發行日文版，也就是「買進」。當然我們公司也會這麼做，以先前所說的《與神對話I》和《別再為小事抓狂》為首，我們出版了許多熱銷書。

另一方面，我們也致力於將日本的暢銷書籍賣到海外，即是「賣出」，並先行投資，成為了我們公司現在的「優勢」。

最初的成功案例便是於二〇〇一年在日本發行，賣了將近三十萬本的超級暢銷書《生命的答案，水知道》。其作者也在世界各國進行演講，該書隔年便由德國的KOHA出版社出版了翻譯版。二〇〇四年時多虧了著作權代理商Interlights代表長谷部潤先生的努力，我們與Beyond Words公司簽訂契約，書本得以在美國發行。

該書在《紐約時報》上連續二十八週進入暢銷排行榜，系列作熱賣超過四十七萬本。之後又在中國賣了大約一百四十萬本、韓國二十六萬本等，於三十五個國家和地區合計賣出三百萬本。

現在我們與全世界的出版社簽了約一千五百份契約，而「賣出」海外後在全世界大為暢銷的書籍，是二〇一一年發行，由近藤麻理惠小姐撰寫的《怦然心動的人生整理魔法》。

該書在日本累積銷售也超過二百萬本，二〇一一年則由臺灣的方智出版社、二〇一二年由韓國的Donan出版社與中國的北京鳳凰雪漫文化有限公司發行翻譯版。此外，該書在歐美以德文版為開端，還發售了英文版（英國）和義大利語版本。

以美國和加拿大為取向的英文版則是在二〇一四年由Ten Speed Press出版社發行，並在《紐約時報》連續二十七週排行第一名，還得到在大型書店巴諾書店（Barnes & Noble）連續十一週第一名的紀錄。此外，該書在亞馬遜也獲得二〇一五年度總合排名第二名，光在美國就賣了超過四百萬本。許多人因而給予我們祝福，表示這對日本的出版業界來說是樹立了「紀念碑」。

在那之後敝社與四十二個國家簽訂契約，關於第二集《怦然心動的人生整理魔法2》（英文版書名為《SPARK JOY》），由於過去我們都是單方面「被迫」支付歐美高額的預付款，這次我們就以美國為首，收取了史無前例的高額預付款。

後來麻理惠小姐的姓氏近藤開始以「Kondo」一詞，成為了表示「用麻里惠流來整理」之意的動詞被使用，並得到媒體的關注，麻里惠小姐也移居美國。二〇一九年，Netflix的相關節目在美國等全世界造成話題，書本也於各國再次上榜，成為一股長期熱潮。

身為日本的出版社，除了漫畫以外，這等連續成為世界級百萬熱銷書的案例是前所未有的。這都是多虧在背後長期照顧我超過三十年的長谷部潤先生、Beyond Words出版社社長Richard Cohn先生與代表Gudovitz & Company的Neil Gudovitz先生等人偌大的貢獻。

海外發行總量達二千五百萬本

至今Summark出版社的海外發行總數已經超過二千五百萬本。海外版的發行合計有一千本，這大約占了敝社總發行數量的四成。

我們的年度發行本數為八十本到一百本，扣除掉翻譯書籍等則是六十本到七十本，在這之中，幾乎半數都是以亞洲出版社為主的翻譯需求，能簽成契約的則有三到五成。版權收入在這七到八年成為我們主要的收益來源，不僅在國內虧損的書曾靠版權收入轉虧為盈，販售版權到海外對作者而言鐵定也是一大好處。最重要的是，全世界都有廣大的讀者一事，將使作者的夢想成真。

當然，這也有難處。就好比歐美出版社之中幾乎沒有懂日文的編輯，因此當遇到決定性的書籍時，我們必須自行翻譯成英文版上市。此時最重要的，是翻譯的品質。

《怦然心動的人生整理魔法》是委託住在高松市的加拿大人——平野凱西小姐翻譯的。平野小姐是實力派譯者，曾負責翻譯上橋菜穗子小姐的《獸之奏者》等，該書曾榮獲國際安徒生獎。麻里惠小姐的書內容很優秀，而平野小姐將英文版的「怦然心動」翻譯為「Spark Joy」，也是很出色的品味。我甚至覺得，如果沒有請平野小姐翻譯，是不是就無法這麼暢銷了。

此外，關於發行眾多翻譯書的臺灣與韓國，也有不少是對方透過代理商下訂單的。這些國家的出版社之中有不少編輯會日文，而他們似乎會確認亞馬遜的排行榜，每天前來詢問。

編輯們可以善用敝社網站上的**「先行閱讀」服務**，免費下載書籍發行前的第一章並閱讀。確認過內容後，對方就會針對未出版的書籍詢問了。

日本的精神與神祕感會成為最強大的武器

該如何與當地出版社建立良好的關係呢？與各國出版社的人際網絡是重要的財產。我們會參加分別在臺灣、韓國及中國舉行的臺北國際書展、首爾國際書展和北京國際書展等，強化與當地出版社、代理商之間的關係。多虧於此，過去低價的預付價格也逐漸提高了。

關於臺灣的暢銷出版社圓神出版，我們會在員工旅遊時全員造訪臺北並相互交流等等。除了版權的商業交易以外，我也希望與當地的出版社加深關係，藉以產生附加價值。值得感謝的是，我們在當地的翻譯書銷售數量開始增加，不時會躍上排行榜。

在法蘭克福，日本出版社不會在日本館，而是在來客數更多的英美館展出。Beyond Words出版社為我們發行了第一本暢銷書《生命的答案，水知道》，承蒙該公司的好意，我們得以採取聯合展覽的形式。

在我看來，由於過度意識日文這個語言的壁壘，大家會有過於強烈的「極限意識」，認為日本的印刷品在全世界會賣不好。**「這在全世界都能賣得好」、「要賣到全世界」——首先就從這麼想開始。**好的書肯定會被全世界接受，尤其是跟身心靈有關的書更會跨越海洋，不被語言與膚色左右。

此外，在全世界逐漸邁向成熟的過程中，我深感人們正對日本獨有的精神相當關注。就好比麻里惠小姐的整理術中闡述要對照顧我們至今的衣服或東西說「謝謝」後才丟棄，向衣服或東西道謝總感覺很有日本的風格，也近似於「禪的精神」，這點反應出了新鮮感，在歐美也被人們稱之為很酷炫。

二〇二〇年，《美體重塑！模特兒都在偷偷練》的作者佐久間健一先生配合西班牙文版的第二集發行到當地進行宣傳活動，傳來了西班牙亞馬遜綜合排名第一名這般令人開心的好消息。

此外，在泰國熱賣的《業務之神的絕學》作者加賀田晃先生還被邀請至當地演講等，各式各樣的活動都有。這對從Tuttle-Mori Agency轉職後以國際版權部經理身分活躍的小林志乃而言，想必每天都很忙碌吧。

不只是整理術，日本還有許多值得向全世界誇讚的獨特優秀思想與精神。在這些精神之中，也潛藏著很大的可能性。

最近與敝社有緣的作家本田健先生也增加了一些放眼海外的活動，好比由Simon & Schuster公司發行其自著的《happy money》（由Forest出版社翻譯），並在全世界三十個國家上市等。日本出版業界正持續出現新的潮流，這讓我感到非常高興。

の

成為悠閒靠版稅度日的公司!?

のんびり印税暮らしの会社になる!?

製造業一半的業績都是在國外賺的

這也是我當上社長後，寫在「Summark出版社歌牌」中的一句話。

「成為悠閒靠版稅度日的公司。」

我開始想，我們所發行的書難道不能夠不斷地被全世界的人們閱讀，收到大量的版稅，作為一間公司，就像這樣悠閒地靠版稅度日嗎？假使如此，就可以不必整天勞碌，靠偉大的構想埋頭於下一個工作——我有著這般遠大的願望。

或許大家會想怎麼可能做到這種事，不過即便沒有實現，誰也沒有損失。

至少，我標榜這樣的想法是很重要的。也許有人覺得我在開玩笑，但我一直以來都不曾放棄過這個思維。

本來，日本的製造業就有一半的業績是在國外賺的。如此一想，出版業界不也是應該更加、更加地走出世界會比較好嗎？我之所以致力於海外版權的買賣，也是因為這樣的背景。

實際上，在日本暢銷的「真品」在國外也確實會大賣。稻盛先生的

《生存之道》就如我先前所述，光在中國就熱賣超過四百萬本，不過，還有一說是盜版賣了高達二千萬本。盜版很讓人困擾，而我聽聞最近中國政府當局有在嚴密監控，改善情況。

無論如何，**作為生活在出版業的人，宣揚「想非常認真地活著」的書籍會超越政治體制的不同、跨越大海，抓住數量超乎常理的讀者，我感到十分高興**。

「針對變化的應對」是電子書的關鍵

經營者必須經常尋求新的收益來源並採取措施，其中一項便是電子書。我們公司開始著手非紙本書＝電子書，是在一九九〇年代結束時左右。後來我們採取盡可能不花成本的實驗性措施，於二〇〇七年聘用了電子書籍的專門負責人，即是現在擔任數位內容部門經理的奧村光太郎。不過以他的狀況來說，黑暗時期似乎很長。原因在於他進入公司後數年的業績都低於他的年收入。

接著到了二〇一〇年，隨著iPad開始發售，電子書也變得活躍起來，那年夏天，公司配發給二十位編輯iPhone。實際使用後，員工似乎也發現其容易閱讀的程度超乎想像，這鐵定會出現需求。

隔年二〇一一年，簡直可以說是電子書元年。不只其不容忽視的業績開始能夠列入計算，在二〇一二年Kindle登場後，發展更是一口氣擴大。二〇一三年，敝社的部門業績已經突破一億日圓。

在電子書的市場中，漫畫呈現壓倒性多數，但我們都以單行本為主。此外，雖然品項數量沒有那麼多，不過同一個書名的下載數量依舊彰顯出了相當的魅力。

然而，由於終端設備與通訊環境每年都在改變，不僅難以預測，倘若判斷失準，還有會一口氣失去業績的風險。正因為是嚴苛要求「應對變化」的領域，工作現場和「悠閒」可謂相去甚遠。

電子書的優點在於，假使書籍本身大為暢銷，也會帶動電子書的業績。只要有好好控制成本，掌握銷路並採取措施，就能達到高收益。

至於針對語音版的措施，由於業界最早投入語音內容的Audiobook公司大力相助，我們一樣從很早期就開始了。最近我們也與智慧音箱等合作，許多企業都投入其中，我很期待今後會成長為超乎想像的市場。

れ

歴史から「長く栄えた理由」を学ぶ

從歷史中學習「長久興盛的理由」

透過出版這項工作學會了經營

回首至今為止的人生，多虧從事出版這項工作，我究竟學到了多麼偉大的學問呢？尤其在成為經營者之後，過去製作書籍的經驗都得以充分地活用。要說等回過神來，我已經透過出版這項工作學會了經營或許也不為過吧。

就好比無論是船井幸雄先生還是牟田學先生，都是在我完全沒有想到最終會成為社長時就有幸為他們製作書籍，因而學習到很多。**即便不能算是「耳濡目染」，能夠藉由製作書籍在不知不覺中接觸到經營的真諦**，可沒有比這更值得感謝的事情了。

當然，偉大前輩們所教導我的事，我也不是都能夠真正做到。收到《京瓷哲學》贈書的經營者就曾用悲傷的目光對我說：「植木先生，雖然這是本很棒的書，但無論是哪一個部分，我都完全做不到。」

其實我也是如此，而令人驚訝的是，稻盛先生自己也曾這麼說過。並不是全部都要做到，重要的是以此為目標。我還記得當時的我因此茅塞頓開，原來如此，重要的是以此為目標啊！這樣的話，我或許也能做到吧。

在向偉大前輩們學習的過程中，我也重新認知到學習歷史與歷史人物的重要性。

我是在二〇〇二年七月一日就任社長的，而當時有一本我前後花了大約半年閱讀的書，那就是山岡莊八的《德川家康》，全二十六卷。

對企業而言，最重要的便是「永續發展」。最符合這個關鍵字的人物，即是建立江戶幕府兩百六十年基礎的德川家康。家康的人生，貫徹了「為了人民」的思想。

追溯回十五代以前的祖先並祭祀祂們，正是德川家能夠繁榮十五代的原因之一。「**人之一生，如負重遠行**」，這句話是家康知名的「遺訓」。其接下來是「切忌急躁。常思坎坷，則無不足。心有奢望，宜思窮困，忍耐乃長久無事之基，憤怒是敵，驕傲害身，責己寬人，自強不息」。

這實在是段很深奧的文句，不辱飽嘗艱辛之人——家康的名聲。如果能以這種思想為基礎過生活，似乎就不會因為荒誕無稽的事而失敗了吧。

め

目標是「最棒的工作與美好的人生」

めざすは「最高の仕事と、いい人生」

你能給予多少愉悅、快樂和療癒呢？

我經常會對員工說「**最棒的工作與美好的人生**」。此外，最重要的是這個順序，並非「美好的人生與最棒的工作」，而是因為有最棒的工作，才有美好的人生。倘若沒有最棒的工作，便很難達成美好的人生——我是這麼認為的。

我自己亦是如此，而我也希望所有員工都能邁向真正美好的人生。我是認真這麼想的。我希望大家去做最棒的工作，原因在於，這其中存在著重要的人生價值。

所謂人的價值、人生價值究竟是甚麼呢？我也曾認真思考過這點。例如，一生的價值或許是賺到的錢與累積起來的資產，或許是成為最終住處的宅邸，亦或許是擁有社會上的地位、人脈以及培育好的人力資源。一般，我們都會認定成這種肉眼可見或容易估量的事物。

就某種層面來說，這些也許都是正確的，不過，就只有如此而已嗎？那些就是真正最好的價值嗎？我們必須去探討這點。

在不斷思考後，我得出這樣的結論。這就是我的想法：

因為某人的存在而被療癒、被鼓勵，只要看到對方的滿面笑容就能感到放心，光是對方向自己搭句話，便能恢復精神……如此這般，**因為某人的存在，能給予他人多少愉悅、快樂和療癒呢？這些量與深度的總和，不就是那個人的人生價值嗎？**

這不見得是個讓人感覺很遙遠的答案。其實我在二〇〇八年的中期經營計畫中就有寫到這一段話，據說直到今天，還有員工會重新回去閱讀。

而我們的工作，能給予許多人愉悅、快樂和療癒。從事愈棒的工作，就愈能提供大量的愉悅、快樂和療癒。換句話說，即是能產生出大量的人生價值。我想，這必定能帶來美好、豐富的人生。

此外，這份工作還會帶給人生一份最好的禮物。無論是編輯還是業務人員，**透過這份工作都能學習到很多，且擁有相當大的潛力去改變**。與優秀的人相互辯論並提出建議。畢竟這是很辛苦的工作，當然必須努力，也會遭遇到困難。不過，我們自己也是會改變的。

將自己放在變化性高的環境之中，會大幅度決定你人生的價值。原因在於，倘若能夠變化、成長，就可以提供更大的愉悅、快樂和療癒，為他人派上用場，使他人感到喜悅。而這份喜悅，也會回到自己身上。

只要仔細去思考，或許無論哪一份工作，這個道理都是共通的吧。

稻盛先生曾說過一句我非常喜歡的話：

「工作是人生的磨刀石。」

最棒的工作會帶給你最美好的人生。我希望所有員工，甚至是更多人能過上美好的人生。為此，我期望大家都去從事最棒的工作。

後記

我以「動機是一切的開始」為書名，撰寫了這本書。在此，我想說明有關書名的部分。

那是一九九一年，也就是將近三十年前的事了。當時我想要開始使用所謂的「數據通訊」，便買了 Macintosh LC。

由於 Macintosh LC 的熱度很快就退了，Mac 又沒有辦法達成我本來所期望的功能，作為副產品，我從那年開始便養成隨時把所感與所想之事寫到電腦中的習慣。

尤其是在那一年曾發生過什麼事情的年末回顧與在新的一年是否會發生些什麼的年初期許，我很認真地執筆這兩篇紀錄。

其內容有八成都是和工作有關的事。當時正暢銷的書籍銷售量會賣到什麼程度呢？新書發行計畫表中的哪一個品項會有多暢銷？還有海外版權（著作權）與電子書的收益如何？新業務又會發展到哪裡呢？

由於是誰也不會看的內容，有時我也會加入自己的吐槽，一面回顧過去的失敗，一面放鬆肩膀面對電腦。

另外的兩成內容我會寫我個人想做的事以及在意的事，好比睽違三年想計劃和高中時代的四人組友人去旅行、確認妻子粉彩畫的個展會場，甚至是讀書計畫與體重管理（！）等等。

最一開始這些都只是好幾頁A4的量，沒想到卻逐年增加，有時甚至加起來會高達十七至十八頁。結果年末與新年的假期，我幾乎都得窩在書房專心撰寫。

當然，我不是在做討厭的事，雖說有某種充實感，卻也是一項累人的作業。我就這樣持續寫了三十年，等回過神來，其分量換算成書籍已經超過三本。將內容全部從頭讀過，也是一項工作。

我無法得知我是否有像我在書中所寫的那般「從量提升到質」，不過在持續撰寫的過程中，我察覺到一件有趣的事。去比較同一年的「年初」與「回顧」後，我發現我預測的事與有強烈意願的事都一次又一次實現了。就算是偶然，準確率也太高了。

比起左腦派，我是天生右腦派的人，在多數的判斷下，與其講道理，我更重視直覺也是事實。也可能是因為我認為活著本身就是一種賭博吧，我自覺我很擅長去賭輸贏。話雖如此，在年初預測的事也應該不會在年底實現才對。

就我個人的理解，恐怕是因為以下的原因吧。

首先就從「這麼想」開始，去加深想法並落實於文章中，接著實踐，有時候也會失敗，屆時再去反省。就這樣年復一年不斷持續，我所預期的願望偶爾就會在眼前實現……是否是這樣呢？

過去我曾幾度跟員工提過這件事，或許，這也能給各位讀者當作參考。假設不斷做同樣的事，縱使預想與期望沒有實現，有記錄下每一個時刻自己都在留意些什麼，就某種意義上來說鐵定也會豐富自己的人生。

本書以百萬暢銷書為首，闡述了以熱銷書籍為主的故事。不過，最後我必須要誠實才行。事實上，比起順利暢銷的書，賣不好、失敗的書顯然是比較多的。

暢銷書會很顯眼，引起騷動而成為新聞，最終為人所知。然而，也不知是幸還是不幸，賣不好的書並不會吸引他人目光。幾乎沒有人會對賣不好的東西感到有興趣，所以才沒人知道。

我在演講上也經常說，其實倉庫裡的書籍橫屍遍野。我必須好好地告白這件事。

此外最重要的一點，書會賣得好都是多虧了員工。因為有所有員工的努力，才有現在的Sunmark出版社，就這層意義上而言，我沒有什麼了不起的。

其實，我還曾發生過這麼一件事。只要達成年度目標，員工就能得到特別獎金或一個月的達成假期，這對員工而言是很開心的，因此才會願意努力去做。

沒想到就在二〇一四年，本以為會達成的年度目標就因為我的誤判，最終沒能達成。

我深切反省。在二〇一五年的年度方針發表會上，我這麼說了：

「今年如果沒有達成年度目標，我就剃光頭！」

我在所有員工面前高聲宣言。我是認真的。我用這般強烈的心情，自己對自己說必須做到。

結果發表宣言後我便焦慮地感到「慘了」。因為我發現，我能夠剃成光頭的頭髮根本所剩無幾，太悲傷了……

玩笑話就先開到這邊吧。在那之後沒多久，事態就演變成讓我心想明明我並不是為了變成這樣才那麼說的。不知道是誰，傳出了以下這句話：

「如果今年沒有達成年度目標，就會變成讓社長剃光頭的員工。」

那年員工的努力連我也非常震驚。我是抱持著覺悟在面對經營，而社員竟然願意去接受，真的拚命地為我奮鬥。

結果命運果然是站在我們這邊的。我們不僅在日本國內出版了暢銷書，海外的版權收入也超乎想像，漂亮地達成年度目標。而且，從那之後的五年我們都連續達成目標，實在非常感謝。

我還記得在大學考試兩度落榜時，我與同樣重考兩年的朋友一起去了南紀的潮岬。每當大浪往岩壁湧來，撞上巨大的岩石之際，都會發出很大的聲響，不過岩石依舊牢不可破。

在反覆的強烈轟鳴聲中，我忽然意識到，煩惱考試落榜實在是件很小的事。本來一直鑽牛角尖地想著如果明年考試失敗人生就會結束的我，在當時記下了這麼一句話：

「我絕不能忘記，在這個世界的不同之處，還有個完全不同的世界。」

這句話是我人生的一大支柱。無論發生什麼事都能夠邂逅不同的世界，這就是人生。只要知道這個道理，我想，人生的景致看起來就會有所改變吧。

嚴酷艱辛的時代正在日本延續著，全國人民都被迫過著不曾體會過的嚴酷日常。

然而，鐵定會有個不同的世界存在。這就好比在傾盆大雨中想像陽光明媚的日子，確實有難度；不過我希望每個人的心中都存有小小的夢想，並勇往直前。

為此，倘若這本書能夠助你一臂之力，那就是我的榮幸。

最後，我在出版這本書時曾受到了Sunmark出版社的前董事長，現獨立創業的Nanaichi股份有限公司代表鈴木七沖先生的照顧。是他早在十年多前就推薦我執筆寫書，我終於能夠回應他了。

此外，對於這本書的組織與編輯作業，書籍寫手上阪徹先生也全力以赴，容我藉此表達我的感謝之意。

在還是編輯的時代，我有幸編輯過無數本書籍，從沒想過有一天我自己會成為寫書的一方。不過，像這樣把自己「所想之事」轉變成言語的行為不僅能夠整理過去的體驗，還得以帶領我前往描繪嶄新夢想與願景的小徑，是個新鮮的經歷。

我衷心期望本書能夠成為各位的棉薄之力。

二〇二〇年六月

植木宣隆

い

一冊のエネルギーが、人生を変える

一本書的能量會改變人生

ろ

ロングセラーは企業の宝

長期暢銷書是企業的至寶

は

張り詰めていたら糸は切れるよ

神經太過緊繃可是會繃斷的

に

人間は「首から上」より「首から下」

比起「脖子以上」，人類不如用「脖子以下」

ほ

「本然」をベースに戦略を立てる

以「本然」為基礎制定策略

へ

ヘンタイこそ創造の泉

變態正是創造的泉源

と

とことんやり切れば、天は見放さない

只要堅持到底，老天爺是不會放棄你的

ち

長所を伸ばせば欠点は隠れる

只要加強長處，就能隱藏缺點

り

理屈はいつも裏切られる

道理永遠會背叛你

ぬ

抜きん出た強みのある著者か？

是擁有出類拔萃優勢的作者嗎？

る

累計部数を伸ばすことに命懸け

拚命提升累計銷售本數

わ

わかりやすさこそ真理

簡單易懂才是真理

か

「過去はオール善」と心得て前を向く

領會「過去皆為善」並向前邁進

よ

夜明け前にタイトル案はやってくる

書名提案會在黎明前造訪

た

戦う編集者たれ

戰鬥吧！編輯們

れ

歴史から「長く栄えた理由」を学ぶ

從歷史中學習「長久興盛的理由」

そ

ソフト産業はすべて多産多死

軟體產業全部都是多產多死

つ

次のヒットは「けったいなもの」の中から

下個熱銷品會從「稀奇古怪的事物」中產生

ね

願いを書き出し、発表する

寫下願望並發表出來

な

何がいいたい本なのか

這是本想要闡述什麼的書呢？

ら

乱調の中に美がある

亂調中也存在著美

む

無理のない成功はない

沒有不勉強的成功

う

運がよくなる生き方をしているか

是否正用會讓運氣變好的方式生活呢？

の

のんびり印税暮らしの会社になる!?

成為悠閒靠版稅度日的公司!?

お

書名是否會讓人產生「驚奇」呢？

「驚き」を生むタイトルになっているか

く

反覆回到自己的主場

繰り返し自分の土俵に立ち戻れ

や

在柳樹下放金魚

柳の下に金魚を放て

ま

首先就從「這麼想」開始

まずは「そう思うこと」から

け

經營首先是為了員工與其家人

経営はまず社員とその家族のため

ふ
プラスのベクトルで考えろ
用正面向量來思考吧

こ
困難な人生に寄り添える本を
一本能夠扶持困難人生的書

え
エネルギーの伝播現象を口コミという
能量的傳播現象便是口耳相傳

て
天地自然の理（ことわり）に学ぶ
向天地自然的道理學習

あ
圧倒的な「量」が「質」へと転化する
壓倒性的「量」會轉化成「質」

さ

產假是理所當然的公司

産休があたりまえの会社

き

創造並推廣殺手級內容

キラーコンテンツを生み出し、広める

ゆ

所有的名人一開始都是默默無名的

有名人、はじめはみんな無名人

め

目標是「最棒的工作與美好的人生」

めざすは「最高の仕事と、いい人生」

み

強烈祈求實現百萬銷售

ミリオンを強く念じて実現する

し
女性が味方してくれないと、部数は伸びない
若沒有女性的支持，銷售數量就無法增加

ひ
病人のお見舞いに持っていける本か？
是能夠帶去探病的書嗎？

も
盛りだくさんは売れない
內容太豐富並不會熱賣

せ
世界で2000万人に読まれる本を作ろう
來製作會讓全世界二千萬人都閱讀的書吧

す
砂浜に砂金が隠れている
沙灘裡藏著沙金

23	生命的答案，水知道 江本勝著　2001年11月	282,500本
24	光用眼睛看就能提升記憶力的有效練習 池田義博著　2019年6月	280,000本
25	原來，成功人士都這樣拜神許願 八木龍平著　2016年7月	275,000本
26	快癒力 篠原佳年著　1996年6月	262,000本
27	為什麼有錢人都用長皮夾？年收入200倍法則！改變25萬人的錢包增值術！ 龜田潤一郎著　2010年12月	260,000本
28	九個能量實驗，讓你用思想打造現實 潘・格魯特著　櫻田直美譯　2014年4月	257,000本
29	與神對話Ⅰ 尼爾・唐納・沃許著　吉田利子譯　1997年9月	252,000本
30	血流能解決所有煩惱 堀江昭佳著　2016年3月	244,000本
31	現在開始永不嫌遲 中島薰著　1999年7月	239,000本
31	生命的祭典 草場一壽作　平安座資尚繪　2004年10月	239,000本
33	在謊言拆穿之前 川口俊和著　2017年3月	235,000本
33	業務之神的絕學 加賀田晃著　2011年2月	235,000本
35	千萬別學英語:3CD+3卡帶+聽寫教材一冊 鄭贊容著　金淳鎬譯　2001年6月	231,000本
36	用血清素與眼淚消解壓力 有田秀穗著　2008年12月	220,000本
36	清晰思考的藝術：更好的思維，更佳的選擇 羅爾夫・多貝利著　安原實津譯　2019年4月	220,000本
38	考試之神教你實現夢想 伊藤真著　2006年4月	212,000本
38	史丹佛流　永不疲累的身體 山田知生著　2018年5月	210,000本
40	生命的暗號 村上和雄著　1997年7月	207,000本
41	別擔心，去賺錢 理察・卡爾森著　小澤瑞穗譯　1999年3月	200,000本
41	讓錄取人才達人告訴你誰才是能幹 安田佳生著　2003年2月	200,000本
41	一切都會漸入佳境！ 本田健著　2005年1月	200,000本
41	全世界第一有效的伸展法 中野・詹姆士・修一著　2016年2月	200,000本

二十五年來的暢銷書及長銷書（二〇二〇年四月時）

1	腦內革命 春山茂雄著　1995年6月	4,100,000本
2	別再為小事抓狂 理察・卡爾森著　小澤瑞穗譯　1998年6月	1,733,500本
3	怦然心動的人生整理魔法 近藤麻理惠著　2011年1月	1,590,000本
4	不生病的生活 新谷弘實著　2005年7月	1,408,000本
5	新腦內革命 春山茂雄著　1996年10月	1,340,000本
5	生存之道 稻盛和夫著　2004年8月	1,340,000本
7	美體重塑！模特兒都在偷偷練 佐久間健一著　2017年5月	1,200,000本
8	再怎麼身體僵硬的人都可以唰ㄚ～的劈腿，享受身心柔軟的神奇伸展法 Eiko著　2016年4月	1,000,000本
9	修身顯瘦の零位訓練 石村友見著　2018年5月	860,000本
10	在咖啡冷掉之前 川口俊和著　2015年12月	850,000本
11	提高體溫變健康 齋藤真嗣著　2009年3月	700,000本
12	我的人生思考1 詹姆士・艾倫著　坂本貢一譯　2003年4月	671,000本
13	為什麼「這玩意」有益身體健康呢？ 小林弘幸著　2011年4月	520,000本
14	一日一餐的健康奇蹟 南雲吉則著　2012年1月	500,000本
15	我知道你在想什麼 托爾斯登・哈芬納著　福原美穗子譯　2011年8月	430,000本
16	記得出生前，神跟我說…… 小堇著　2018年3月	390,000本
17	成為讓部屬願意追隨的上司 岩田松雄著　2012年10月	363,000本
18	不生病的生活・實踐篇 新谷弘實著　2007年1月	340,000本
19	怦然心動的人生整理魔法2 近藤麻理惠著　2012年10月	330,000本
20	千萬別撿千元大鈔 安田佳生著　2006年1月	296,000本
21	最高睡眠法 西野精治著　2017年3月	290,000本
22	千萬別學英語 鄭贊容著　金淳鎬譯　2001年1月	284,000本

好想法 34

動機是一切的開始

當所有人都按部就班地走向目標，你能讓自己用飛的嗎？

思うことから、すべては始まる

作　　者：植木宣隆
譯　　者：郭子菱
責任編輯：簡又婷
校　　對：簡又婷、林佳慧
封面設計：木木 Lin
內頁設計：廖健豪
寶鼎行銷顧問：劉邦寧

發 行 人：洪祺祥
副總經理：洪偉傑
副總編輯：林佳慧
法律顧問：建大法律事務所
財務顧問：高威會計師事務所
出　　版：日月文化出版股份有限公司
製　　作：寶鼎出版
地　　址：台北市信義路三段 151 號 8 樓
電　　話：（02）2708-5509　傳真：（02）2708-6157
客服信箱：service@heliopolis.com.tw
網　　址：www.heliopolis.com.tw
郵撥帳號：19716071 日月文化出版股份有限公司

總 經 銷：聯合發行股份有限公司
電　　話：（02）2917-8022　傳真：（02）2915-7212
印　　刷：禾耕彩色印刷事業股份有限公司
初　　版：2021 年 7 月
定　　價：350 元
I S B N：978-986-248-998-7

國家圖書館出版品預行編目資料

動機是一切的開始：當所有人都按部就班地走向目標，你能讓自己用飛的嗎？/ 植木宣隆著；郭子菱譯 . -- 初版 . -- 臺北市：日月文化出版股份有限公司 , 2021.07
304 面 ; 14.7×21 公分 . --（好想法 ; 34）
譯自：思うことから、すべては始まる
ISBN 978-986-248-998-7（平裝）

1. 職場成功法 2. 人生哲學

177.2　　110008879

日月文化集團
HELIOPOLIS
CULTURE GROUP

客服專線 02-2708-5509
客服傳真 02-2708-6157
客服信箱 service@heliopolis.com.tw

廣告回函
台灣北區郵政管理局登記證
北台字第 000370 號
免貼郵票

日月文化集團 讀者服務部 收

10658 台北市信義路三段151號8樓

對折黏貼後，即可直接郵寄

日月文化網址：**www.heliopolis.com.tw**

最新消息、活動，請參考 FB 粉絲團

大量訂購，另有折扣優惠，請洽客服中心（詳見本頁上方所示連絡方式）。

大好書屋　寶鼎出版　山岳文化

EZ TALK　EZ Japan　EZ Korea

日月文化集團
HELIOPOLIS
CULTURE GROUP

感謝您購買 **動機是一切的開始**：當所有人都按部就班地走向目標，你能讓自己用飛的嗎？

為提供完整服務與快速資訊，請詳細填寫以下資料，傳真至02-2708-6157或免貼郵票寄回，我們將不定期提供您最新資訊及最新優惠。

1. 姓名：＿＿＿＿＿＿＿＿　性別：□男　□女
2. 生日：＿＿＿年＿＿＿月＿＿＿日　職業：
3. 電話：（請務必填寫一種聯絡方式）
（日）＿＿＿＿＿＿（夜）＿＿＿＿＿＿（手機）＿＿＿＿＿＿
4. 地址：□□□
＿＿＿＿＿＿＿＿＿＿＿＿＿＿
5. 電子信箱：＿＿＿＿＿＿＿＿＿＿＿＿
6. 您從何處購買此書？□＿＿＿＿＿＿縣/市＿＿＿＿＿＿書店/量販超商
□＿＿＿＿＿＿網路書店　□書展　□郵購　□其他
7. 您何時購買此書？　年　月　日
8. 您購買此書的原因：（可複選）
□對書的主題有興趣　□作者　□出版社　□工作所需　□生活所需
□資訊豐富　□價格合理（若不合理，您覺得合理價格應為＿＿＿＿＿）
□封面/版面編排　□其他＿＿＿＿＿＿＿＿
9. 您從何處得知這本書的消息：□書店　□網路／電子報　□量販超商　□報紙
□雜誌　□廣播　□電視　□他人推薦　□其他
10. 您對本書的評價：（1.非常滿意 2.滿意 3.普通 4.不滿意 5.非常不滿意）
書名＿＿＿＿　內容＿＿＿＿　封面設計＿＿＿＿　版面編排＿＿＿＿　文/譯筆＿＿＿＿
11. 您通常以何種方式購書？□書店　□網路　□傳真訂購　□郵政劃撥　□其他
12. 您最喜歡在何處買書？
□＿＿＿＿＿＿縣/市＿＿＿＿＿＿書店/量販超商　□網路書店
13. 您希望我們未來出版何種主題的書？＿＿＿＿＿＿＿＿
14. 您認為本書還須改進的地方？提供我們的建議？

＿＿＿＿＿＿＿＿＿＿＿＿＿＿＿＿＿＿＿＿＿＿＿＿

＿＿＿＿＿＿＿＿＿＿＿＿＿＿＿＿＿＿＿＿＿＿＿＿

＿＿＿＿＿＿＿＿＿＿＿＿＿＿＿＿＿＿＿＿＿＿＿＿

＿＿＿＿＿＿＿＿＿＿＿＿＿＿＿＿＿＿＿＿＿＿＿＿

好想法 相信知識的力量

the power of knowledge

寶鼎出版

好想法 相信知識的力量

the power of knowledge

寶鼎出版